THE CHILD, THE FAMILY,
AND THE OUTSIDE WORLD

妈妈的
心灵课

［英］唐纳德·W. 温尼科特 著
颜雅琴 谢晴 译

江苏凤凰文艺出版社

新流出品

引言

我认为,有必要给本书写篇引言。本书的主要内容包括:母亲与婴孩、父母与孩子、学校里的孩子以及踏入广阔天地的孩子。可以说,随着孩子的成长,我所使用的语言也会有所发展。从婴孩期的亲密,到长大后的分离,希望我的语言能够很好地契合个中变化。

虽然前几章都是写给妈妈的贴心话,但是,我并不认为年轻的妈妈必须阅读育儿书,因为她们能够敏锐地觉察自己的状态。年轻的妈妈需要保护,需要信息,需要最好的医学照料,需要熟悉且信得过的医护人员,需要丈夫的关爱和愉悦的性生活。然而,她未必需要别人预先告诉她,当妈妈会带来什么样的感受。

我的主要观点之一是,对孩子来说,最好的养育方式就是母亲与生俱来的自立、自主,而与生俱来的东西与后天习得的东西是不一样的。我试图将二者分开,从而让与生俱来的东西不那么容易被破坏。

我相信,如果有个地方能与爸爸妈妈们直接对谈,可能会比抽象的育儿书更合适,因为人们总想知道育儿早期会发生什么,而谈话的方式能更生动地表达这一主题。

人们都想知道生命之初的模样，我也认为，大家确实应该有所了解。可以说，如果孩子长大了，自己为人父母，却不知道妈妈为襁褓中的自己做了什么，那一定是因为人类社会缺失了一些什么。

我并不是指孩子应该感激父母的生育之恩，应该感激父母努力协作为自己提供了美好的家庭。我所关注的是，在孩子出生之前到一周岁，妈妈与孩子的关系。我希望呼吁大家注意的是，一个平凡的好妈妈在爸爸的支持下，在孩子的生命之初为个人和社会做出的贡献，而这一切纯粹基于她对宝宝的爱。

是不是因为妈妈的贡献太大了，反而得不到充分的承认？如果妈妈的贡献得到充分认可，那就意味着，每一个心智健全的人，每一个重视这个世界、觉得自己是这个世界的成员的人，每一个幸福的人，都欠了母亲一份天大的恩情。在生命的最初，当我们还不懂得何为依赖时，就已经开始依赖母亲了。

如果我们的社会不能及时认识到人们在生命之初对母亲的依赖，那么，人们就很难获得真正的健康状态，这种阻碍就来自恐惧。

不幸的是，对被支配的恐惧不能让人们免于被支配，反之，它会将人们引向某种特定的或选择性的支配模式。事实上，如果我们研究独裁者的心理，就会发现，除了其他因素，在他的个人奋斗史中，独裁者一直在尝试控制某个女性，因为他虽然没有意识到她的支配性，却仍然感到恐惧。他会通过迁就她、为她行事来控制她，反过来要求完全的服从和"爱"。

许多社会历史学者认为，人类群体中有很多看似荒诞的行为，其根本原因都是对女性的恐惧——只是很少有人追溯到这一根源。如果我们追溯每个人的发展史，就会发现，恐惧女性，说到底就是不敢承认生命之初对女性的依赖。因此，深入研究母婴早期关系有着重要的社会意义。

在当今世界，人们往往会否定母亲在生命早期的重要性，认为几个月大的婴儿只需要身体护理，这种事情交给保姆就能干好。我们甚至发现，有人要求妈妈"必须"抚养自己的孩子，这简直是对母亲抚育孩子的天性所做出的最极端否定（希望我们国家[1]不要发生这类事件）。

政府部门对整洁、卫生和健康的倡导与要求，加上其他各种问题，都会横亘于母婴关系之间，而妈妈们又不太可能联合起来反对外界的干预。我写这本书，目的也是为刚生了一胎或二胎的年轻妈妈发声，她们初为人母，自己还处于需要依赖他人的境地。我希望能为依天性而动的年轻妈妈提供支持，同时，也要向那些给年轻父母或其他照料者提供技术支持和关爱的人表达敬意。

---

[1] 这里指的是英国。

目录

第一部分　妈妈和孩子

2　第一章　从男性视角看母亲
6　第二章　认识你的孩子
13　第三章　孩子的潜能
18　第四章　喂养婴儿
24　第五章　食物去哪儿了
30　第六章　消化过程的终点
36　第七章　母亲喂养婴儿的特写
42　第八章　母乳喂养
50　第九章　孩子为什么会哭？
62　第十章　逐步了解世界
69　第十一章　将孩子看作一个人
75　第十二章　断奶
81　第十三章　再谈"将孩子看作一个人"
90　第十四章　孩子的天赋道德
96　第十五章　本能与正常的困难
101　第十六章　幼儿与他人

第二部分　家庭

- 110　第十七章　父亲呢?
- 117　第十八章　别人的标准和你的标准
- 123　第十九章　什么是"正常"的孩子?
- 131　第二十章　独生子女
- 137　第二十一章　双胞胎
- 143　第二十二章　孩子为什么要玩游戏
- 148　第二十三章　偷盗和撒谎
- 154　第二十四章　第一次尝试独立
- 160　第二十五章　对普通父母的支持

第三部分　外在世界

- 166　第二十六章　五岁以下儿童的需求
- 177　第二十七章　论影响和被影响
- 183　第二十八章　教育诊断
- 190　第二十九章　儿童的羞怯与紧张
- 195　第三十章　学校中的性教育
- 200　第三十一章　探视住院儿童
- 207　第三十二章　青少年犯罪问题
- 213　第三十三章　攻击的根源

第一部分

妈妈和孩子

第一章
从男性视角看母亲

首先，不要担心，我不会对你的行为指手画脚。我是一个男人，永远不可能真正知道，看着来自自己身体的婴儿是种什么样的感受。婴儿本是母体的一部分，现在却拥有了独立的生命，同时又只能深深依赖母亲，直到逐渐长大成人。只有女性能够体验到这一切，或许也只有女性能在想象中体验这一切，因为由于这样或那样的问题，一部分女性无法亲身体验这一感受，只能付诸想象。

如果我不打算对你们指手画脚，又能做些什么呢？平时，常有妈妈带着孩子来找我，每当这时，我们就会谈谈眼前的事情。孩子会在妈妈怀里蹦来跳去，伸手抓我办公桌上的东西，在地上爬来爬去，还会爬上椅子，或是把书架上的书一本一本地抽出来。有时候，孩子会紧紧抓着妈妈，害怕面前的白大褂医生是个怪物，会把好孩子吃掉，淘气的孩子则更加不堪设想。如果孩子稍大一些，可能会自己坐着画画，这时，我和孩子的妈妈就会尝试追溯他的成长史，找出问题的根源。孩子会一边画画，一边竖起耳朵偷听我们有没有恶意。当我时不时看一眼他的作品时，孩子还会用纸笔跟我进行无声的交流。

这一切看起来很容易，但是，当我要构建一个在想象和经验之外的婴孩时，简直困难极了！

你一定也遇到过同样的困难。如果我不能与你交流，而你有一个几周大的孩子，根本摸不清楚情况，也不知道该如何与之沟通，那会是什么样的感受？如果你正在思考这个问题，不妨回忆一下，你的孩子是从什么时候注意到你这个人的存在的？哪个激动人心的时刻让你确定，你们两个人正在相互交流？你不必在房间里转来转去，试图用言语与孩子交流。你们能使用什么语言进行交流？其实不需要语言，你会发现自己忙着照顾孩子的身体，而且乐在其中。你知道如何把孩子抱起来，如何将他放下，如何将他留在婴儿床里，你也知道穿什么衣服能让他又舒服又暖和。事实上，在你还是小女孩的时候，就通过玩洋娃娃学会了这些技巧。此外，你还会在一些特殊的时刻为孩子做特定的事情，喂奶、洗澡、换尿不湿、抱抱。有时，孩子可能会尿湿你的围裙或衣服，而你不会感到特别恶心。其实，正是这些事情让你意识到你是一位女性，是一位平凡而满怀爱意的母亲。

我说这些，是希望让你明白，作为男性，虽然我远离了真实的生活，远离了照顾孩子所带来的哭闹、味道和责任，却也知道作为孩子的妈妈，你真真切切感受到了这一切，也不会错过各类体验。如果我们可以互相理解，也许，你愿意听我谈谈平凡而充满爱意的母亲，讲讲如何照料生命之初的新生儿。我无法告诉你具体做法，但可以谈谈这一切背后的意义。

3

你做的事情看似寻常，实际上却极为重要，其中的美妙之处在于你不需要智慧，也不需要思考。上学的时候，你也许对数学一窍不通；也许你的所有朋友都能拿到奖学金，你却根本无心学习，所以成绩很差，早早离开了学校；也许，要不是你正巧在考试前出了麻疹，也能考得很不错。然而，这都不重要，与你是不是一个好妈妈毫无关系。就像每个孩子都会玩洋娃娃一样，每个母亲都可以成为一位平凡而充满爱意的母亲，而且我相信，你在大部分时间里也确实是。这么重要的事情竟然不需要非凡的智慧，多奇怪啊！

如果婴儿最终要发展成为健康、独立、有社会意识的成年人，那么，他当然需要一个良好的开端，而这个良好的开端在本质上是由母婴之间的联结所维系的——这种联结就是"爱"。所以，如果你爱自己的孩子，他就已经拥有了良好的开端。

不过，我说的爱并非完全情绪化的。众所周知，有一类人喜欢到处宣扬"我好喜欢孩子啊"，但你可能会想，他们真的爱孩子吗？母爱是原始的。母爱中有强烈的占有欲，甚至还有"讨厌孩子"的成分；同时，母爱中也有慷慨、力量和谦逊。但是，情绪化完全不在其中，母亲们对此也十分反感。

你可能是一个平凡而充满爱的妈妈，而且，你享受这一角色，无须多加思考。就像艺术家一样，他们热爱艺术，却讨厌思考艺术和艺术的目的。作为妈妈，你也许也不愿意将这件事情想得太清楚，所以，我得提醒各位读者，本书要谈的正是一位充满爱的母亲发自天然的行为。不过，或许也有一部分人想要思考自己正在做的事情。也许,你们中的一部分人已经完成了育儿任务,孩子已经长大上学了,可能想回顾自己做过的美好工作,想想你如何为孩子的成长打下良好基础。如果你过去做的一切都是根据直觉,那大概就是最好的方式了。

我们应该尝试理解照料婴儿的人扮演着什么样的角色,这一点至关重要,只有这样,我们才能保护年轻的妈妈和母婴关系免受干扰。如果妈妈自己也不知道自己做得已经很好了,就很难坚持自己的立场,而会轻易听信别人的劝说,遵循自己妈妈的老做法,或者照搬育儿书的意见。

父亲的参与也很重要,一方面是因为他可以在一定时期内扮演好妈妈的角色,另一方面是因为他也可以保护妈妈和孩子不被外界干扰。而保护母婴的纽带,正是育儿的核心和本质所在。

在接下来的章节中,我会尝试将平凡而纯粹地爱着自己孩子的妈妈落于纸端,尝试去描述她们的行为举动。

不过,对于新生儿,我们还有许多东西需要进一步探索。也许,只有妈妈们才能真正解答这些疑惑。

第二章
认识你的孩子

怀孕之后，女性生活的各个方面都会发生改变。怀孕之前，她可能有很多兴趣，也许会投身商界或政界，可能热爱网球，也可能时常参加舞会、活动。未育女子可能看不上已经当妈妈的朋友，觉得她们生活很受拘束，甚至粗鲁地评判她们单调乏味。她也可能对洗尿布、换尿布之类的细节嗤之以鼻。作为未育女性，即便喜欢孩子，往往也不过是一时的感情用事，并不实际。然而，一旦她自己怀孕，情况就不一样了。

起初，她可能并不高兴，因为她非常清楚怀孕生子会对"自己的"生活造成多么糟糕的影响。她的想法是对的，没有人能否认这个事实。孩子会带来一大堆麻烦，如果你不是真的想要孩子，那么一定会觉得他讨厌极了。如果一位年轻姑娘意外怀孕了，通常会觉得自己很倒霉。

然而，经验告诉我们，随着孕妇的身体变化，她的情绪也会发生变化。也许可以说，她的兴趣范围会逐渐变窄。或者，更确切地说，她的兴趣从指向外部转为指向内部了。慢慢地，她会开始笃信，世界的中心就在自己腹中。

也许有读者正处于这一阶段，开始感到一点点自豪，感觉自己值得被尊重，而且，身边的人理应为自己让道。

随着你越来越确定自己马上要当妈妈了，就会像俗话说的那样，开始"将所有鸡蛋放在一个篮子里"了。你会全神贯注，将所有注意力放在一个对象身上，那就是即将出世的孩子。为此，你甘冒无暇他顾的风险。从最深层的意义来说，这个小宝宝是属于你的，而你也将属于他。

成为母亲需要经历许多磨难，我想，正是经历的这些磨难让你能够将育儿的基本原则看得分外透彻，而我们这些没机会做妈妈的人需要耗费许多年来做研究，才能理解你在日常生活中得到的体验。不过，你可能也很需要来自我们这些研究人员的帮助，因为总有一些迷信和传言（其中一部分可能还相当现代），会让你怀疑自己的真实感受。

想想看，哪些事情是心智正常的平凡妈妈认为对孩子最重要、而最容易被旁观者忽略的？我想，最重要的是你很容易感到，应该将孩子当成一个人来看待，并且越早越好。没有哪个提建议的人会比你自己更清楚这一点。

即使还在子宫里，孩子也已经是一个独一无二的人了。等到出生时，他已经拥有了各种各样的体验，有愉快的，也有不愉快的。当然，很多时候，我们从新生儿的面孔上读出来的东西根本就不存在——尽管婴儿有时看起来很有智慧，甚至很有哲思。不过，如果我是你，我可不会等着心理学家来判断新生儿有几分像人，我会直接去了解这个小小的人儿，同时也让他来了解我。

宝宝还在子宫里的时候，通过他在你肚子里的动静，你已经可以尝试了解他的性格特征。如果他特别好动，你可能会想到，传言"男孩胎动比女孩多"是真的吗？无论如何，出现了胎动，你会为这种生命和活力的迹象感到欣喜。与此同时，我想，孩子也对你有了相当的了解。他分享了你的食物。当你早上喝一杯热茶或急着赶公交车时，他的血流速度也会加快。在某种程度上，他完全知道你什么时候焦虑，什么时候激动，什么时候愤怒。如果你一直停不下来，他可能就会习惯了运动感，出生之后也喜欢让你抱着摇来摇去，或者放在摇篮里晃来晃去。反过来，如果你一直很安静，他也会习惯宁静，出生之后可能更希望被静静抱在怀里，或者躺在婴儿车里。从某种程度上说，孩子出生之前，你听到他的哭声之前，在你能够看到他、抱着他之前，孩子对你的了解远比你对他的了解多得多。

婴儿出生之后，孩子和母亲的状况大有不同。也许，对你来说，与孩子享受彼此的陪伴之前，还得休息两三天的时间。但是，如果你身体状况还可以，就应该马上与孩子接触，尽快相互了解。我认识一位年轻的妈妈，与头胎儿子进行了非常早期的接触。从出生当天开始，每次喂奶之后，月子中心体贴的护理师都会将孩子放在妈妈床边的摇篮里。他躺在安静的房间，会清醒一段时间，妈妈向孩子伸出手来。还不到一周，孩子已经能够伸手抓住妈妈的手指，望向她的方向。如果这种亲密关系不被干扰，能够持续发展下去，我相信，它能为孩子的人格养成和情感发展打下坚实的基础。同时，也有益于孩子抗挫折能力的发展。

母婴早期接触中最重要的时刻就是喂奶时间，也是孩子最兴奋的时候。你可能也处于兴奋时刻，同时，你的乳房开始有了感觉，告诉你它的功能已经唤醒，准备好可以哺乳了。如果孩子一开始就能理所当然地接受你和你的兴奋，就能好好处理自己的冲动和欲望，那么，这是非常幸运的。在我看来，这是因为，作为一个婴儿，刚开始发现兴奋来临时会出现这样的感觉，是一件非常可怕的事情。你有过这样的想法吗？

从这一点来看，你必须了解孩子的两种状态，一种是满足后不太兴奋的状态，一种是兴奋状态。首先，不兴奋的时候，孩子会花大量时间睡觉，当然，孩子不可能一直睡下去，只是安静的清醒时光很少见罢了。我知道，有些孩子很难满足，哪怕刚吃完奶也可能哭个不停，表达自己的不满，很难入睡。在这种情况下，妈妈很难与孩子愉快地沟通。但是，随着时间的推移，事情可能会稳定下来，总会出现一些能够满足他的事情。比如说，或许可以将孩子洗澡的时间作为启动亲子关系的机会。

你必须了解自己的孩子什么时候满足，什么时候兴奋，因为他需要你的帮助。如果你根本不知道自己和孩子处于哪种状态，就无法提供帮助。从睡眠或清醒的满足时光切换到贪婪状态，这一过程非常可怕，孩子需要你帮忙管理。除了日常护理，这可以说是妈妈最首要的任务了。完成这一任务需要很多技巧，只有妈妈才能真正掌握——当然了，那些在孩子刚出生不久就着手照料他的出色女性也可以做到。

举例来说，孩子并不是一出生脖子上就挂着闹钟，上面写着：三小时喂一次奶。按时喂养对妈妈或护理人来说是很方便，但从孩子的角度来看，按时喂养不如按需喂养。孩子一开始并不想要按时喂养，事实上，我猜孩子真正想要的是一想吃乳房就自动出现，一不想吃乳房就自动消失。有时，妈妈不得不接受一段时间的随意、混乱喂养，然后才能建立方便自己、更有规律的喂奶方式。无论如何，在你慢慢了解孩子的过程中，你必须知道他到底想要什么，哪怕你不打算满足他的要求。如果你完全了解了自己的孩子，就会发现只有在他兴奋的时候，才会蛮不讲理。不兴奋的时候，他只是会开心地发现乳房或奶瓶后面的妈妈，发现妈妈身后的房间，发现房间之外的世界。尽管喂奶时间非常适合好好了解孩子，但是，我想，妈妈也不要错过孩子洗澡、换尿布、躺在婴儿车上的时间，这样有益于更加深入地了解孩子。

我认为，除了喂奶时间，也应该多将孩子交给妈妈——如果有护理人员照顾你，我希望她能理解我，不要觉得我太多管闲事。当你还没完全恢复，无法亲力亲为照顾孩子的时候，当然需要护理人员的帮助。但是，如果你不常见到睡熟的孩子、躺着东张西望的孩子，只有在喂奶的时候，他才会被塞到你怀中，你一定会觉得他莫名其妙。因为想吃奶的孩子一腔不满，他当然是一个人，但心中仿佛装着愤怒的狮子和老虎。同时，他被自己的感觉吓坏了。如果没有人给你解释这种情况的由来，你可能也会有些害怕。

另一方面，如果你已经知道孩子安安静静躺在你身旁的模样，也了解他在你怀中玩耍的模样，那么，你就会发现他的兴奋是适度的，是一种爱的表现。这样一来，当他扭过头拒绝吃奶（就像老话说的"牛不喝水强按头"），躺在你怀里睡着了以至忘了吃奶，或是焦躁不安无法好好吃奶时，你也能理解眼下的情况了。他只是被自己的感受吓到了，在这种时候，只有极有耐心的妈妈能帮助他。你可以让他玩一会儿，让他含着乳头甚至抓着玩一会儿，或者让他做任何可以开心起来的事情，这能让他获得信心，敢于冒险和吃奶。这对你来说并不容易，因为你也要为自己着想，妈妈的乳房要么太胀，要么需要婴儿吮吸才会开始泌乳。但是，如果你能够理解眼下的情况，就更容易克服困难，在哺乳时与宝宝建立良好的关系。

当然了，孩子也不是傻瓜。这种兴奋对他来说，就像我们被放在狮子窝里的体验一样，所以他必须先确保你是一个可靠的喂养者，才会放心地把自己交给你。如果你辜负了他的信任，那么，哺乳时的感觉就像野兽会把他吃掉一样。给孩子一些时间，他会重新发现你。最终，你们都要珍惜他对母乳近乎贪婪的爱。

我想，母婴尽早接触的重点之一在于可以让妈妈放心，孩子是正常的（暂且不管"正常"的定义具体是什么）。正如前文所说，你可能因分娩而精疲力竭，无法在孩子刚出生时与他亲密接触，但是，你也应该知道，妈妈想要立即了解自己的新生宝宝，这样的愿望是再自然不过的了。这不仅仅因为妈妈渴望认识自己的孩子，也是因为在孩子出生之前，她一定有过各种各样的幻想，害怕生出一个糟糕的、不太完美的孩子——后者也使得这种渴望分外急切。人类似乎很难相信自己足够优秀，也很难相信自己体内能产生足够优秀的事物。我怀疑，一开始时，妈妈也无法真正、充分相信自己的孩子。爸爸也是如此，会担心自己无法创造出健康、正常的孩子。因此，第一时间接触孩子是件相当急切的事情，因为知道孩子平安健康的消息，能让父母松弛下来。

此后，出于爱与自豪，你会更加深入了解自己的孩子。你会认真研究他的细节，以便提供他所需的帮助。只有最了解他的人，才有可能提供这种帮助，也就是说，只有你——孩子的妈妈，才能提供这种帮助。

这一切都意味着照顾新生儿是一项全天候的工作，而能将这项工作做好的只有一个人。

第三章
孩子的潜能

我一直在写关于母亲和孩子的文章。但我并不是专门来告诉母亲该怎么做的,因为她们可以很容易地从福利中心获得有关细节的建议。事实上,细节相关建议对她们来说太多了,有时反而会造成混乱。相反,我选择为那些通常已经很善于照顾自己孩子的母亲写些东西,希望帮助她们了解孩子的样子,告诉她们现在正在发生什么。我认为,她们知道得越多,就越能相信自己的判断。只有当母亲相信自己的判断时,她才处于最佳状态。

对妈妈来说,能够按照自己的方式抚养孩子无疑是至关重要的,这有助于她充分了解自己的母性特质。作家常常在落笔时惊讶于笔尖流淌出的汩汩才情,妈妈也是如此,常常在与孩子的接触中欣喜地发现其中的丰富内涵。

事实上,有人会问,除了担负全部责任之外,母亲还能以什么方式学着当一个好妈妈?如果她只是照着别人的说法去做,那么,她就不得不一直这么做下去,想要提高就只能指望找到更好的建议者。然而,如果她可以按自己发自天然的方式去做,就可以在做的过程中逐步提升自我。

这正是父亲可以帮忙的地方，他可以为妈妈提供一个自由发挥的空间。有了丈夫的适当保护，妈妈就能在想要专注内心的时候关上大门，不去理会外界的声音。在这种时候，她只想关注双臂能够圈住的小世界，而婴儿正是这个世界的中心。母亲自然而然地只关注孩子，这段时间不会持续太长。孩子刚出生时，母婴联结极为强大，因此，在这个自然出现的时期，我们应该尽全力保障妈妈能够专心照顾小宝贝。

这一时期并非只让妈妈感觉良好，毫无疑问，孩子也很需要母亲的关注。直到最近，我们才开始真正认识到新生儿有多么需要母亲的爱。成年人的健康靠的是来自童年的积累，而其基础建立自刚出生的几周和几个月里。也许，当你分娩不久，发现自己对外部世界失去兴趣时，会感到有些奇怪，知道这一点或许会对你有所帮助——你正在为未来社会的一员打下坚实的健康基础，而这项工作绝对是很有价值的。奇怪的是，人们往往认为，孩子越多就越难照顾。事实上，我很确定，孩子越少，情感压力就越重。全神贯注照顾一个孩子会带来最重的压力，好在这项任务不会持续太久。

所以，你现在是将所有鸡蛋放在一个篮子里了。该怎么办呢？请好好享受吧！享受别人的重视；享受当其他人服务于世界时，你专注于创造一位新的成员；享受停下脚步，就像与自己相爱那样去照顾孩子，因为他仿佛仍是你的一部分；享受丈夫为了你和孩子的幸福尽职尽责的方式；享受发现新的自己；享受这种前所未有的权利——能够做自己喜欢的事情；当婴儿的哭叫阻碍了你急于溢出的乳汁时,享受被孩子激怒的感觉;享受各种只有女性能够体会的感觉——你甚至根本无法向男人解释。特别是,我知道你会享受哪些逐渐出现的迹象:婴儿是一个人,他也将你当成一个人看待。

为了你自己,好好享受吧,然而,从婴儿的角度来看,如果你能从这些烦人的事务中找到乐趣,才是最重要的事。孩子需要的不是在"正确的时间"以"正确的方式"吃奶,而是从爱着自己的母亲那里获得乳汁。在婴儿眼中,柔软舒适的衣物、温度适宜的洗澡水,都是理所当然的。然而,妈妈给孩子换衣服、洗澡时的愉悦快乐却不是理所当然。如果你能享受这一切,那感觉就像专门为孩子升起的太阳一样。如果母亲不能从照料孩子中获得快乐,整个过程就会很死板、无用而机械。

通常,母亲会自然而然地享受照顾孩子的过程,但这当然也会被忧虑所干扰,这种忧虑往往来自未知。这很像分娩时的放松法,你从前可能从书中学过这些方法。这些书的作者会尽可能地将怀孕、分娩过程中的一切讲得清清楚楚,所以妈妈们可以放松,不用害怕未知事物,静静等待自然分娩。分娩时的一大部分痛苦不属于分娩本身,而是来自对未知的恐惧所产生的紧张感。如果清楚地了解了这一切,而且在分娩过程中有很好的医生和护士,你就可以承受这一部分无法避免的痛苦。

同样,孩子出生后,你能否在照顾孩子的过程中体会到愉悦,主要取决于是否因未知和恐惧而感到紧张和忧虑。

因此,在本书中,我想给妈妈们提供一些信息,让她们能够更清楚孩子身上正在发生什么。这样一来，她们就能发现，孩子需要的正是一个轻松、自然、乐在其中的妈妈。

接下来，我还会讨论孩子的身体及其内在变化，也会探讨孩子的成长过程，以及如何将世界一点一点地介绍给孩子，才能避免孩子过度困惑。

现在，我想澄清一件事情。那就是，孩子的成长发育并不依赖于你。每个孩子都有无限潜能。每个孩子都具有生命的火花，能够促使他们不断成长。生长发育是与生俱来的，具体的进行方式不需要我们去理解。比如，你将一个水仙球茎放进窗口的花盆中，只要有肥沃的土壤、适量的水分和充足的阳光，球茎中的生命力就能够自然而然地发展，不需要你再去刻意做些什么，就能开出美丽的花朵。当然，照顾婴儿比种植水仙复杂得多，但我用这个例子来说明我的观点，球茎和婴儿都具有某种自然而然的生命力，这是你无法掌控的部分。孩子孕育于你的体内，从怀孕的那一刻起，他就成了你身体内的租客。出生之后，他又成了你怀抱中的租客。不过，这一切都是暂时的，不会永远持续，事实上，根本不会持续太久。一转眼，孩子就要上学了。只有在这短暂的时期，小小的租客非常孱弱，需要母亲的特别关爱。然而，这不能改变这样的事实：生命及其成长是与生俱来的。

我想知道，听到有人这样说，你会不会感到轻松一些？我认识一些妈妈，因为感觉自己要为孩子的成长和活力负责，所以根本无法享受做母亲的乐趣。孩子睡着了，她会走到婴儿床前，希望他醒过来，表现出活泼的模样。如果孩子闷闷不乐，她就会逗弄他，戳戳他的脸，尝试让他笑起来——然而，这对婴儿而言毫无意义，只是一种生理反应。这类妈妈经常把孩子抱在膝上摇摇晃晃，跪在地上逗弄孩子，试图让他们咯咯发笑或是做出其他反应，以确认孩子活得好好的。

有些父母甚至从不让孩子自然生长，哪怕是在孩子很小的时候。结果，孩子会失去很多东西，甚至可能会失去想要活着的念头。在我看来，如果我告诉你生命是一个自然生长的过程（事实上，这个过程很难阻挡），你可能会更享受照顾孩子的过程。归根结底，生命更依赖于呼吸这一生理现实，而不是活下去的意愿。

一部分妈妈从事过艺术工作，有的从事绘画，有的做过陶艺，有的会织毛衣或做裁缝。做这些事的时候，你做了什么就会得到什么。但养育孩子与这截然不同，孩子会自己长大，而你作为妈妈，要做的是提供适宜的环境。

有些人把孩子看作做陶艺时的黏土，能够加以塑造，感觉自己能对最终的结果负责。这真是错得彻底。如果你也是这么想的，那么，你一定会被本不需要承担的责任压得喘不过气来。如果你能接受这样的观念，即孩子本身具有发展潜能，就可以一边享受着回应其需求的过程，一边从观察孩子成长的过程中获得无限乐趣。

0# 第四章
喂养婴儿

从20世纪初开始,医生和生理学家针对婴儿的喂养做了大量研究工作,撰写了很多学术论文和专著,一点一点地丰富了我们对这一领域的认识。这些工作的结果是,人们现在可以清楚地区分两大领域:其一,物理、生化或物质领域,如果人们没有足够深厚的科学底蕴,就无法仅靠直觉去弄清楚;其二,心理领域,人们总是能够通过感受和简单观察来了解一些内容。

举个例子,归根结底,婴儿的喂养是母亲和孩子之间的事情,是两个人的爱的具体表现。在科学研究为我们扫清生理学方面的障碍之前,这一观点很难被人们接受(尽管妈妈们认为这是对的)。在人类历史的任一阶段,一个自然而健康的妈妈,一定会理所当然地认为喂养孩子是自己与宝宝之间的事情。但是,与此同时,有的孩子会因为腹泻和呕吐夭折,古时候的妈妈不知道这是细菌所致,误以为是自己的奶水害了孩子。婴儿的生病、死亡会让母亲失去自信,转而去寻求所谓权威的建议。在很多情况下,在妈妈看来,生理疾病会让问题变得更复杂。事实上,正是因为关于健康和疾病的知识有了长足发展,我们才能重新回归情感这一主题，重视母婴的情感关联。想要让婴儿的喂养顺利，就必须建立好母婴的情感关联。

如今，医生对佝偻病有了更深的认识，可以做到预防这一疾病；他们也很清楚感染的风险，所以能在分娩时采取措施，避免婴儿因淋球菌感染而失明；他们知道被感染的奶牛可能会产出带有结核病菌的牛奶，所以能够预防过去常见和致命的结核性脑膜炎；他们对维生素C缺乏症也有了足够的探索，能够有效治愈。医术的进步能够解决许多生理疾病和障碍，这样一来，对我们这些主要关注情感因素的人来说，尽量准确地描述每位母亲面对的心理问题就变得十分迫切了。

毫无疑问，我们仍无法准确描述每位新手妈妈所面临的心理问题，但我们还是可以尝试去做，也希望妈妈们能够参与进来，帮我查漏补缺，修正错误。

我打算试试看。假设有一位平凡而健康的妈妈，与丈夫共同创建了一个平凡而和睦的家庭，在适当的时候生下了一个健康的宝宝，那么，这件事说起来非常简单：在这种情况下，婴儿的喂养仅仅是母婴关系中的一部分，当然是比较重要的一部分。母亲和新生儿都已经做好准备建立强有力的爱的联结，而且在承担巨大的情感风险之前做到互相了解。一旦母婴达成了相知（这一过程有可能一蹴而就，也可能需要经历一番磨合），就会相互依赖、相互理解，喂养过程就成为自然而然的了。

换句话说，如果母婴关系已经开始建立，并且发展顺利，那么，妈妈就不需要太多哺乳技巧，也不用频繁称重或体格检查了。比起任何一个外人，母婴二人都更清楚具体应该怎么做。在这样的情况下，婴儿会以适当的速度喝下适量的乳汁，也知道什么时候该停下来，不需要其他人盯着他的消化和排泄。只要母婴的情感关系能够自然发展，孩子的生理方面也可以顺利成长。甚至可以说，在这种情况下，母亲可以从自己的孩子身上了解所有孩子，孩子也可能从自己的妈妈身上了解所有妈妈。

真正的麻烦在于，当母婴都从这种亲密的身体、精神联结中获得极大愉悦时，总有人在旁边谆谆告诫，不能过度沉溺于这种愉悦。在婴儿喂养这个领域，竟然还出现了这种现代清教徒式的观点。想象一下，在婴儿出生后，有人让他远离母亲，直到他失去了唯一能找到母亲的能力（嗅觉），感觉彻底失去母亲后，再让母亲回来。想象一下，在给婴儿喂奶时，有人将他严严实实地包裹起来，不让他触碰乳房或奶瓶，结果，他能做的只有"是"（吮吸）或"否"（把头转过去或睡觉）！想象一下，婴儿还没来得及感觉到在自己和自己的欲望之外还有一个真实的外部世界，就被按固定钟点喂食，那会是一种什么感受。

在自然状态下（我指的是在母婴都健康的情况下），哺乳的技巧、数量和时间都可以顺其自然。这意味着妈妈可以让孩子在力所能及的范围内自己做主，因为对母亲来说，她很容易控制喂奶的时间、方式和数量。

可能有人认为，这样说有些轻率，因为很少有母亲能真正摆脱个人的困境，无忧无虑，无须外界支持。而且，毫无疑问，有些妈妈会忽略自己的孩子，甚至残忍地对待他们。然而，我认为，在弄清了这些基本事实之后，即使总是离不开别人建议的妈妈也能从中获益。如果这样一位妈妈，想和第二个或第三个孩子做好前期接触，她也必须清楚自己养育第一个孩子时的目标是什么，毕竟此时的她十分需要帮助。其实，她真正需要的是独立应对自己的孩子，而不是别人的建议。

我认为，自然喂养是指孩子想吃的时候就吃，想停的时候就停。这是一个基本原则。只有做到了这一点，孩子才能开始和妈妈妥协。第一次妥协就是接受规律、可靠的哺乳，比如说每三个小时喝一次奶。这对妈妈来说很方便，但只有在孩子能够养成每三个小时的规律饥饿感时，他们才能感到满足。如果孩子不到三小时就感到饥饿，就会很痛苦。要想重建孩子的信心，最快的方法就是先按需喂养，等孩子能够接受更长时间的间隔，再恢复到规律喂养。

这样看起来可能还是有些疯狂。如果一个学到了训练婴儿规律生活的妈妈，已经开始每三小时喂一次奶，那么她可能会觉得随意喂养过于病态。正如前文所说，她可能会害怕哺乳带来的巨大欢愉，担心自己会因任何错误而受到公婆、邻居的指责。主要的麻烦在于，人们很容易被生育孩子的巨大责任压垮，所以非常乐意接受规则、规律和规范，因为这虽然有些无聊，但也能降低生活风险。从某种程度上说，医疗和护理行业是造成这种处境的罪魁祸首，而我们必须尽快清除横亘在母婴之间的各种障碍。如果政府开始倡导自然喂养，使它成为人们刻意追求的目标，那它本身也会变得有害。

有的理论认为，训练孩子要趁早。事实上，应该等孩子能够接受外部世界的时候，再开始训练。想让孩子接受外部世界，母亲应该在一段时间内先行尝试自然地顺应孩子的需求。

你知道，我要说的并不是我们可以放心大胆地离开婴儿福利中心，让母婴二人自己去应付所有问题，包括饮食、维生素、疫苗接种以及换尿布。我想说的是，这些生理方面的问题才是医护人员的责任，从而确定任何东西都不能干扰母婴关系的微妙机制。

当然，如果我的读者是帮忙照料孩子的护理人员，我也会谈到更多她们的困难和失望。我的已故好友梅雷尔·米德尔莫尔在《哺乳的母子》(The Nursing Couple)一书中这样写道：

> 毫不奇怪的是，妈妈的粗心大意有时是紧张造成的。她（护理人员）一次又一次地观察母婴的哺乳过程，和他们一起经历着成功与失败，在某种程度上，他们的利益似乎与她一致了。于是，她很难眼睁睁看着妈妈笨手笨脚地给孩子喂奶，最终，她可能感觉自己不得不冲上去干涉一下，因为觉得自己能够处理得更好。此时，她的母性本能被激发出来了，非但不想帮助新手妈妈，反而想与她一较高下。

读到这里，有些妈妈可能难过起来，觉得自己与孩子的初接触已经失败了。不要太过自怨自艾，因为失败的原因有很多种，对于前期的错误和遗漏，日后补救的方式也有很多种。但是，如果我们努力支持那些能够成功或正在取得成功的母亲，就必须冒着让另一些母亲不开心的风险。无论如何，如果我试图表达我的观点，就难免伤害一些正在困境中的人。我的观点是，如果一位母亲能够独立处理她与婴儿的关系，就是在为她的孩子、她自己和整个社会做出极大的贡献。

换句话说，孩子与父母的关系、与其他小朋友的关系，以及最终与整个社会的关系，真正的基础在于母婴之间最初的成功关系。这种关系只在于两个人之间，不需要固定的喂养规律，甚至不一定要母乳喂养。总之，人世间最复杂的事情都源自这一简单的基础。

第五章
食物去哪儿了

孩子开始饥饿时，体内的某种东西就开始苏醒，甚至开始占据他们的身体。此时，妈妈准备喂养时发出的声音，在宝宝耳中就是一种信号，说明是时候把对食物的渴望转为强烈的冲动了。此时，你会看到孩子流出口水，因为年幼的孩子还不会吞咽口水，他们用这种方式表明自己对能放进嘴里的东西很感兴趣。流口水说明孩子开始兴奋了，尤其是嘴巴兴奋了起来。与此同时，他们的小手乱抓，也在寻找快乐。如果能在此刻及时喂养，那就正好满足了孩子对食物的巨大欲望。孩子的嘴巴已经准备就绪，嘴唇也变得相当敏感，能够最充分地享受唇舌间的愉悦。当孩子长大之后，这种愉悦感再也不会有了。

妈妈总是能积极适应孩子的需求，也很愿意这样去做。出于对孩子的爱，母亲在养育过程中能够做出细微的调整去适应孩子，而其他人则既不认为有必要，也无法感知到。不管是母乳喂养还是人工喂养，孩子的小嘴都会变得非常活跃，让奶水从乳房或奶瓶中流进嘴里。

人们普遍认为，母乳喂养和人工喂养的孩子存在差异。母乳喂养的孩子会衔住乳头根部，用牙龈咀嚼。这对母亲来说可能很痛，但是，通过挤压，乳汁就通过乳头流进了孩子的嘴里，然后通过吞咽进入腹中。而人工喂养的婴儿必须掌握另一种技术，通过吮吸喝奶——母乳喂养的孩子不太需要掌握这个技巧。

有些人工喂养的孩子还没学会吮吸，所以需要在奶嘴上开一个比较大的孔，才能轻松喝到奶。另一些孩子则不然，如果奶嘴上的孔太大，就容易呛着。

如果你从前用母乳喂养，现在开始用奶瓶喂奶，就必须做好调整，因为人工喂养与母乳喂养完全不同。母乳喂养的妈妈很放松，因为她感到血液流向乳房时，乳汁自然而然就出来了。如果用奶瓶喂奶，妈妈就必须保持关注，时不时将奶瓶从孩子嘴里抽出来，让瓶中进些空气，否则，瓶中形成的真空会阻碍液体外流，孩子就吃不到奶了。此外，妈妈还要将奶瓶贴在手臂内侧，调试奶水的温度；可能还需要在旁边准备一小盆热水，如果孩子吃得太慢，奶水凉了，就得将奶瓶放进热水里温一温。

接下来，我们来看看奶水都去哪儿了。可以说，孩子吞咽奶水的时候，对它的踪迹一清二楚。奶水进入口中，带来了明确的感觉和味道。这无疑令宝宝非常满意。然后，奶水就被吞了下去。这意味着，从婴儿的角度来看，它好像消失了。在这方面，拳头和手指就好得多，因为它们一直在，并随时可用。然而，吞下的食物并没有完全丢失，至少在胃里的时候不会。但是，食物仍然可以从胃里退出来。婴儿似乎能够知道自己的胃的状态。

你可能知道，胃是一个小小的器官，位于孩子的肋骨下方，就像奶瓶一样左右摇动。它是一个肌肉组织,相当复杂,具有一种奇妙的能力,就像妈妈对婴儿所做的一样,也就是不断调整自己来适应新的情况。除非受到兴奋、恐惧、焦虑等情绪的干扰,它通常都能自动调整好状态,这就像所有母亲一样,只要不过度紧张和焦虑,就能做个好妈妈。胃就像宝宝体内的"迷你好妈妈",当宝宝感到放松(对成年人来说就是"轻松")时,胃这个肌肉容器能够正常工作,也就是说,它在保持一定张力的同时,还能保持其形状和位置。

所以,奶水在胃里开始一系列消化过程。胃里总存在一部分消化液体,而在胃的顶端则总有一些空气。对母婴而言,这些空气有特殊作用。宝宝吞下奶水,胃里的液体增加了,如果此时妈妈和孩子都比较平静,那么,胃壁就会自行调整,变得松弛一些,胃的体积也就变大了一些。然而,婴儿一般都有点兴奋,所以胃需要的调整时间要稍稍长一点。胃部暂时增加的压力会让婴儿感到不舒服,而解决这个问题最快的办法就是让孩子打嗝。正因如此,在给孩子喂完奶,或者是喂到一半的时候,你会发现让孩子打嗝是个很不错的主意。如果竖抱宝宝,排气就会更容易一些,也不至于在打嗝的同时吐奶。这就是为什么许多妈妈让宝宝靠在自己肩膀上,轻轻拍打后背,因为拍打能刺激胃部肌肉,让孩子打出嗝来。

当然,在大多数情况下,孩子的胃可以很快适应喂食,顺畅地接纳奶水,不需要打嗝排气。但是,如果孩子妈妈处在紧张状态(有时确实会出现这种情况),孩子也会开始紧张,这样一来,胃就无法迅速适应食物的增加了。如果你能了解眼下的情况，就可以轻松处理这个问题。同样，当你发现不同喂养状况出现了很大差异，不同孩子的排气问题大不一样，也就不会太困惑了。

如果你不理解事情的来龙去脉，就会感到手足无措。某位邻居告诉你："喂完奶后必须拍嗝！"由于不知道真相，你无从争辩，只好在每次喂完奶后都将宝宝放在肩头，不断拍打他的背部，好让他把嗝打出来，因为你以为这是必须要做的。这样做实在太教条了，相当于妈妈将自己（或邻居）的意愿强加给孩子，干扰了自然的消化方式，而后者才是唯一的好方法。

这个小小的肌肉容器把奶水存储了一段时间，直到消化的第一阶段发生。奶水的第一个变化是凝固，这是自然消化过程的第一阶段。事实上，凝乳类食品的制作就是在模仿胃中发生的这一过程。所以，如果婴儿吐出一些凝固的奶块，不要害怕，这是正常的。当然，婴儿确实也很容易轻微吐奶。

在胃里发生的自然消化过程中，让宝宝保持安静是最好的选择。你可以在喂完奶后把孩子放在婴儿床上，也可以轻轻抱着他走一会儿，具体做法取决于你自己，因为世界上没有两个一模一样的妈妈，也没有两个一模一样的宝宝。在最简单的情况下，可以让婴儿静静躺在床上，仿佛全神贯注于自己的身体内部。此时，身体内部会有一种良好的感觉，因为血液会流向身体中活跃的器官，会给婴儿腹部带来温暖的感觉。在消化过程的这一早期阶段，干扰、分心和兴奋很容易导致孩子不满，从而哭泣、呕吐，或者导致食物还没来得及完成胃里的消化过程就被过早地排了出去。我想，你应该知道，给孩子喂食时不要有外人在场是多么重要的事情。这不仅仅适用于喂奶的那段时间，而且一直持续到食物离开胃的那一刻。这就像是一场隆重活动的重要环节，如果此刻忽然有一架飞机从头顶飞过，就会破坏活动的完整性。喂奶这一隆重的活动，还包括哺乳后食物尚未完全吸收的时期。

如果一切顺利，那么，这段特别敏感的时期就该结束了。你开始听到咕噜咕噜的声音，这意味着奶水在胃里的消化工作基本完成，接下来，胃会自动将一波又一波消化了一部分的奶水通过一个阀门喷射到我们称之为肠道的地方。

你不必过多了解肠道中的情况，奶水的继续消化过程非常复杂，消化完毕的奶水最终会被血液逐渐吸收，之后将养分输送到身体的各个部位。有趣的是，奶水一旦离开胃部，就会被注入胆汁。胆汁是肝脏在适当的时候分泌的，正是因为胆汁，肠道内容物会带上独特的颜色。如果你患过卡他性黄疸病，就会知道，当胆管发炎肿胀，无法将胆汁从肝脏注入肠道时，情况会变得多么可怕。发病时，胆汁没有进入肠道，而是进入了血液，导致人全身发黄。但是，当胆汁在合适的时候流向合适的地方，也就是从肝脏流入肠道时，婴儿就会感觉良好。

如果你愿意查阅相关的生理学书籍，就能找到奶水的进一步消化过程。但是，如果你只是一个普通妈妈，这些细节就不那么重要了。重点是，你要知道，孩子肚子里发出咕噜咕噜的声音，就说明这个敏感期马上要结束了，食物真正进入了孩子体内。从婴儿的角度来看，这个新阶段一定很神秘，因为生理学远远超出了他的理解范围。然而，我们知道，食物被肠道吸收，会以各种方式输送到身体的各个部位，最终通过血液循环进入不断生长的各个组织。婴儿时期，这些组织飞速生长，需要不断定期供应。

第六章
消化过程的终点

上一章，我们探讨了奶水被吞咽、消化和吸收的过程。奶水在孩子的肠道里发生了什么？妈妈不必过度关注这个问题，这在宝宝眼中也很神秘。然而，随着消化进程的发展，孩子又开始参与最后阶段（排泄）了。此时，妈妈也得参与进来，如果她知道这个阶段的情况，就能做到最好。

事实上，孩子吃下去的食物并未被完全吸收，即使是最优质的母乳也会留下一些残渣，对肠道产生磨损。总之，食物中消化不了的残渣必须全部排出去。

各种各样的残留物会被慢慢传送到肠道下端，通过被称为"肛门"的部位排泄出去。这是怎么做到的呢？原来，长长的肠道中会有一波又一波肌肉收缩，从而将残渣推送下去。顺便说一下，你知道成年人的肠道有多长吗？那是一条长达6米的窄管。即便是幼小的婴儿，肠道也长达3.6米左右。

曾经有位妈妈跟我说："医生，我的孩子像是个直肠子，食物刚进去又出来了。"在这位妈妈看来，食物刚刚进入宝宝的身体，就从另一端出来了。虽然看起来的确如此，却并不是真的。

关键是，孩子的肠道非常敏感，一进食就会引起肠道收缩，当收缩达到肠道下端，就会出现排便。肠道的最远端被称为直肠，通常是空的。如果肠道运送的食物很多，或者宝宝特别兴奋，又或者肠道感染了，肠道收缩的频率就会增加。慢慢地，也只能是慢慢地，婴儿会逐渐开始掌握对排泄的控制力，我也会告诉你这一过程。

首先，我们可以想象，由于大量食物残渣在等待排泄，直肠逐渐开始充盈。对排便运动的实际刺激可能来自对上一次进食的消化过程。或早或晚，直肠都会被充满。食物残渣在肠道上端时，婴儿无法觉察，随着直肠的充盈，他会产生一种明确的感受，让他想要立刻排便。一开始，我们不应该指望婴儿能忍住便意。所有妈妈都清楚，照顾新生儿的时候，频繁地换洗尿布简直令人崩溃。如果要给孩子穿衣服，就必须频繁换洗，不能让大便长时间与皮肤接触，否则会造成皮炎、疼痛。如果出于某种原因，孩子拉肚子了，大便呈水样，就更需要频繁更换尿布了。急切地训练孩子学习排便，并不能解决尿布的问题。如果你能继续做好妈妈的工作，那么，一段时间过后，事情自然会有变化。

你瞧，如果孩子在最后阶段将大便憋在了直肠里，水分会被直肠吸收，大便就会变干，随后以固体形态排出体内，给孩子带来快感。事实上，排便时的兴奋感甚至可能让孩子哭起来。现在，你明白放手让孩子自然发展的好处了吧（当然，在孩子无法自理的情况下，还是得帮助他）？你给宝宝提供了一切可能的机会，让他通过经验发现，让大便在直肠里停留一阵再排出，是一件很舒适的事情，甚至让他觉得结果很有趣。事实上，如果一切顺利，排便可以是一种非常令人满意的体验。让孩子在这些事情上形成健康的态度，是日后接受训练的唯一良好的基础。

也许曾有人告诉你，从最开始，就要在喂完奶后给孩子把屎把尿，趁早养成规律排便的习惯。如果你真的这样做了，也应该明白，这只是为了方便大人少换些尿布。这里边还有许多值得探讨的问题。事实上，婴儿太小，远远没有到接受训练的时候。如果你不让孩子自然发展，就阻碍了自然进程的开端，也会错过很多好事。比如说，如果你能耐心一点儿，或早或晚会发现，孩子躺在婴儿床上，也会找到方式告诉你，他已经拉便便了。很快，你甚至会产生一种预感，提前知道他什么时候快要排便了。现在，实际上你和宝宝开启了一段新的关系，虽然婴儿不能用正常成年人的方式与你交流，但是，他找到了一种无须语言的沟通方式。他好像在说："我好像想要拉臭臭了，你有兴趣吗？"而你（虽然不是真的说了出来）回答："有。"你得让他知道你对这件事感兴趣，不是因为你怕他把事情弄得一团糟，也不是因为你觉得自己有必要教他保持清洁。你之所以对他的便便感兴趣，只是因为你是一个妈妈，深爱着自己的孩子，对他很重要的事情，对你也同样重要。所以，即便你晚到了一步，孩子已经拉出来了，也不用过于在意，因为重点不是保持孩子的清洁，而是回应他的呼唤。

此后，你和宝宝在这方面的关系会变得更丰富。有时，孩子会害怕排便；有时，孩子又会觉得排便很有价值。因为你所做的一切都是基于一个简单的事实——你爱自己的孩子，因此，很快你就能分辨出来，什么时候是在帮助孩子处理糟糕的事情，什么时候是在接受孩子赠予的礼物。

还有一个值得一提的实用之处。孩子愉快地排便之后，你可能以为事情已经结束了，于是你把他包起来，接着去做之前的事情。但是，孩子可能出现新的不适，或者很快又把刚换的尿布弄脏了。这很有可能是因为刚排空的直肠很快又被填满了。所以，如果你手头没什么急事，大可以等一会儿，因为下一轮肠道收缩很可能会把余便排出来。这种事情可能时常发生。如果你不急着离开，孩子就可以彻底排空直肠，这对于保持直肠的敏感性十分有利。几个小时后，直肠才会再次充满，宝宝又能以自然的方式完成整个排便过程。反过来说，那些匆匆忙忙的妈妈，可能会导致宝宝的直肠总是不能排空，结果是要么让余便弄脏了新换的尿布，要么是余便滞留在直肠里，降低直肠的敏感性，有碍于下一段排泄过程的开启。如果妈妈留下较长的时间，从容不迫地照料孩子，自然能为婴儿的排泄功能奠定秩序感的基础。如果你总是很匆忙，不能让孩子完成整个流程，那么，婴儿在一开始时就会陷入混乱。不混乱的婴儿将在日后跟随妈妈的节奏，并逐渐放弃冲动一出现就立即排便的巨大乐趣。婴儿这样做不仅仅是为了满足你的愿望，尽可能少地制造麻烦，也是出于等待妈妈的意愿。这样一来，他就能满足妈妈照顾孩子的愿望了。很长一段时间过后，婴儿将获得排泄的控制权。当他想要控制你的时候，就会故意制造混乱；当他想要取悦你时，就会暂时憋住，等待方便的时候再排便。

可以说，很多宝宝都没有机会在排便这一重要问题上找到自我。我认识一位妈妈，从未让一个孩子拥有过一次自然排便。她的理论是，滞留在直肠里的大便有毒，会以某种方式对孩子不利。这当然不是真的，对婴幼儿来说，几天不排便不会造成任何伤害。这位妈妈总喜欢干预孩子的排便问题，会用肥皂棒或灌肠剂促进他们排泄，结果简直混乱不堪。当然，她也不可能培养出快乐轻松而热爱妈妈的孩子。

这同样适用于另一种排泄形式，也就是排尿。

孩子喝下去的水被吸收进入血液，多余的水分由肾脏排出，并与溶于其中的废物一起进入膀胱。一开始，孩子意识不到膀胱正在充盈，直到它已经装满，并且产生排尿的冲动。一开始，排尿基本上是自动的，然后孩子会渐渐发现，稍微憋一下尿会获得奖励。所谓奖励，就是稍微憋一下尿再排出来，会产生快感。这一小小的福利丰富了婴儿的生活，让生命更有意义，也让身体更值得探索。

随着时间的推移，婴儿的这一发现（等待会有回报）能为你所用，因为你可以通过种种迹象判断将可能发生什么，并且通过对此事的兴趣来丰富宝宝的体验。到时候，为了更完整地体验充满爱的母婴关系，只要时间不过长，孩子都会更愿意等待。

现在，你可能明白了，就像孩子需要妈妈的喂养一样，宝宝的排泄问题也需要妈妈帮助。妈妈认为有必要细致入微地满足孩子的需求，才能让孩子自身的兴奋体验成为母婴之间亲密关系的一部分。

当母婴之间产生了亲密关系,并且维系了一段时间之后,所谓的"训练"就不会那么困难了。因为妈妈已经能够提出适宜的要求,不会超出婴儿的能力范围。

上文的例子再次说明,健康的基础恰恰来自平凡的母亲以普通的关爱方式照料婴儿的过程。

第七章
母亲喂养婴儿的特写

我之前说过,可能从一开始,孩子就会喜欢妈妈的活力。妈妈照顾孩子时的愉悦情绪,很快就会让孩子知道,有一个人一直都在。但是,最终能让孩子感受到妈妈存在的,或许是妈妈拥有一种设身处地理解婴儿的特殊能力。任何书本中的规则都无法取代母亲对婴儿需求的这种感觉,这种能力有时让她几乎能完全适应孩子的需求。

为了说明这一点,我将对比两个宝宝的喂养情况。其中一个宝宝由妈妈在家里喂养,另一个宝宝在护理机构由护理人员喂养。护理机构条件很不错,但工作人员太过忙碌,很难给每个宝宝足够的关注。

首先,我们来谈谈护理机构里的宝宝。如果读者中有负责照料宝宝的护理人员,请原谅我用你们工作中最坏的情况来举例说明,而不是最好的情况。

现在,假设护理机构规定的吃奶时间到了,但孩子根本不知道接下来会发生什么。这个孩子还不清楚奶瓶和人的确切含义,但是已经开始准备相信有什么美好的事将要发生。就在这时,护理人员将婴儿床里的孩子微微撑起，用枕头垫着奶瓶，靠近孩子的嘴。然后，她将奶嘴塞进孩子嘴里，稍等了一会儿，就转而去照顾别的号啕大哭的孩子了。饥饿的孩子受到刺激后开始吮吸奶嘴，喝到奶水，他感觉很不错，一切看起来很顺利。但好景不长，奶嘴一直在嘴里，有时甚至会对生命安全产生威胁。孩子哭着挣扎，奶瓶掉下去了，他松了口气。但没过多久，孩子还想吃奶，而奶瓶并不会适时出现，他又开始哭了。一会儿工夫过去，护理人员回来了，让奶瓶回到宝宝嘴里。但是，现在情况不一样了，虽然在大人眼中，奶瓶还是那个奶瓶，但在婴儿看来，它仿佛是个坏家伙，而且相当危险。更糟糕的是，这个过程会反复发生。

现在，我们看看另一个极端——由妈妈亲手照料的宝宝。面对同样的情况，我惊讶地发现，妈妈总能毫不焦虑、细致入微地把事情处理好。妈妈会把宝宝弄得舒舒服服的，在一切正常的情况下，她会安排好哺乳的环境。环境是人类关系的一部分。如果是母乳喂养，我们还能看到，无论多小的孩子，妈妈都会让他的小手自由活动。这样一来，当她露出乳房时，孩子就能摸到皮肤的纹理和温度，感受自己与乳房的距离，因为此时的婴儿只有一个小小的世界，这个小世界就是由他的嘴巴、小手和眼睛能够触及的范围所限定的。一开始，婴儿甚至不知道乳房是母亲的一部分。当他的小脸接触到乳房时，新生儿并不知道这种美好的感觉究竟是来自乳房，还是来自小脸本身。事实上，宝宝会玩自己的小脸蛋，也会抓挠自己的脸，就像对待妈妈的乳房一样。妈妈允许孩子随意触碰自己的身体，理由有无数个。毫无疑问，孩子在这些方面的感觉十分敏锐，正因为这份敏锐，我们可以肯定，这些感觉也十分重要。

哺乳前，孩子首先得具备我所描述的所有安静体验，同时，也需要感觉自己被一个充满爱的、活生生的人抱在怀里，这个人没有大惊小怪，没有忧心焦虑，也不会过度紧张。这就是理想的环境。在这种环境中，母亲的乳头和孩子的小嘴或早或晚会发生某种接触。具体发生了什么并不重要。重要的是，母亲处在这个环境之中，也是环境的一部分，而且特别喜欢自己与孩子之间的亲密关系。此外，她对宝宝的表现并没有先入为主的期望。

乳头与小嘴的接触，会让孩子想："也许在嘴巴外面有一些东西值得去追求！"然后孩子会开始有口水，事实上，口水多到甚至会流出来，孩子可能会忙着吞咽口水，无暇顾及吃奶。慢慢地，妈妈会帮助孩子建立对奶水的想象，于是宝宝开始含住乳头，用牙龈衔住乳头根部，开始吮吸。

过一会儿，孩子停了下来，牙龈松开了乳头，将头转向一边，对乳房的概念又淡化了。

发现最后一幕的重点了吗？当孩子有吃奶的念头时，乳房和乳头来了，发生了与小嘴的接触。当孩子没有想法、转向一边的时候，乳头消失了。这就是妈妈照料婴儿和护理人员的重要差别之一。孩子转开头时，妈妈会怎么做？妈妈不会再次将乳头塞进孩子嘴里，迫使他开始吮吸。因为妈妈能理解孩子此刻的感受，她是一个活生生的、有联想能力的人，她会耐心地等待。过不了几分钟，孩子会转回来，而妈妈也没有移开乳头，于是新的接触又发生了。这些情况会反复发生，孩子不是从某个装有乳汁的容器里喝奶，而是在吮吸一份"私人财产"，而这份私人财产只是暂时借给一个知道如何使用它的人罢了。

妈妈能够做出这些微妙的调整，足以说明她是一个活生生的人，用不了多久，孩子就会对此心怀感激。

我想特别说明一下，宝宝转开头时妈妈的处理方式。特别重要的是，宝宝不想吃奶或不信任乳头的时候，妈妈就把乳头从宝宝嘴里拿出来，这一做法能使她建立起真正的母亲身份。这一点非常微妙，一开始，妈妈不一定能做到。有时孩子也会通过拒绝进食、扭头和睡觉来建立自己的权利。对在一旁等着喂奶的妈妈来说，这很令人失望。有时，她会受不了涨奶的痛苦，除非有人教会她挤奶，否则会很难坚持到孩子转回来。然而，如果妈妈知道孩子暂时离开乳房或奶瓶是有意义的，也许就更能够应付这些困难。妈妈可以将扭头、睡着等情况当作需要特殊关怀的信号。这意味着必须创造舒适的哺乳环境，让妈妈和孩子都感到舒适放松。喂奶时间必须很充裕，孩子的双臂必须能自由活动。而且，不能把孩子从头到脚包得紧紧的，得让他有机会接触到妈妈的皮肤，甚至有些孩子需要与妈妈赤裸相对、肌肤相贴。如果无法满足上述条件，请务必记住，绝对不要强行给孩子喂奶，应该为孩子创造良好的环境，让他自己去寻找乳房。只有这样，才能让孩子建构正确的哺乳体验。在未来的成长阶段里，这种正确的体验带来的影响将逐渐显现。

在谈这个主题时,我想再讲讲新生儿母亲的情况。她刚经历了焦虑而紧张的分娩,仍然很需要专业人士的帮助,也还在接受别人的照顾。出于种种原因,她特别依赖别人,对身边任何重要女性的意见都非常敏感,不管对方是医院里的护理人员、助产士,还是她自己的妈妈或婆婆。从这一点来看,她的处境相当艰难。九个月来,她一直在为这一刻做准备,而且,正如前文所说的理由,她是最懂得如何喂养孩子的人。但是,如果其他人认为自己懂得很多,固执己见,她也很难与他们争辩。没有生育两三个孩子,也缺乏丰富经验的人,很难有自己的主见。当然,最理想的状态是与护士、助产士和婆婆妈妈保持愉快的关系。

如果关系融洽,妈妈就有机会按自己的方式与孩子进行初次接触。孩子大部分时间都在妈妈旁边睡觉,因此,她可以好好观察床边摇篮里的小宝贝,看看他是不是真的非常可爱。妈妈会逐渐习惯孩子的哭闹,如果她觉得哭声很烦人,其他人可以在妈妈睡着的时候暂时将孩子抱走,过后再抱回来。当她觉得孩子想吃奶,或者可能想接触妈妈的身体时,就会请人将宝宝抱进怀里喂奶。在这个过程中,孩子的脸蛋、小嘴和小手,会和妈妈的乳房发生奇妙的接触。

我们都听人说过,年轻妈妈不会育儿。没有人教过她怎么带孩子。而且,孩子总在另一间屋子里待着,可能和其他孩子放在一起,只有在吃奶的时候才被送回来。孩子们待在一起,总有人在哭,所以妈妈总也不知道是不是自己的孩子在哭。喂奶时,孩子被抱进来,包得紧紧的交给妈妈。妈妈只好接过这个模样古怪的东西，给它（我是故意使用"它"这个词的）喂奶，结果，妈妈感受不到乳房中生命力的涌动，孩子也没机会去探索环境，形成自己的看法。甚至有些所谓的帮手，当婴儿没有开始吮吸时，他们会感到恼火，推搡着婴儿去吃奶，直到堵住婴儿的鼻子。一部分人有过这种可怕的经历。

不过，即使是母亲也必须从经验中学习如何当母亲。我认为，如果她们能从这个角度来看待问题，情况可能会更好，因为经验使她们成长。如果从另一个角度来看，认为每个女性都必须努力读书，从一开始就学会如何成为完美的母亲，那么就走错路了。从长远来看，我们需要的是，为人父母，应该学会如何相信自己。爸爸妈妈一定能为婴儿创造有利于生长发育的最佳家园。

第八章
母乳喂养

在上一章中,我们从个人角度讨论了母乳喂养的问题,本章将从更专业的角度进行探讨。首先,我们将从妈妈的视角来看究竟要讨论些什么。然后,医生护士才能自行处理妈妈可能遇到的问题或者想解决的问题。

在儿科医生的一次讨论会上,有人指出,我们其实并不清楚母乳喂养的特殊价值,也不清楚应该根据什么原则来选择断奶时间。显然,要回答这些问题,就必须同时考虑生理学和心理学的立场。我们将从心理学的角度对这些问题进行探讨,有关身体机能的复杂研究则留给儿科医生。

尽管母乳喂养的心理学问题相当复杂,但目前的研究已经能够给出一些清晰而实用的答案了。问题在于,写出来的内容即便是事实,也不一定能被人接受。我们必须首先处理这一悖论。

一个成年人,甚至一个孩子,都不可能确切知道婴儿是什么感觉。尽管婴儿期的感受无疑还储存在人们脑海中的某个部分,但是很难重新捕捉到它。婴儿期的强烈感受时常出现在精神病性症状相关的痛苦中。婴儿在某个时刻对某种感受的专注,会在病人对恐惧或悲伤的专注中重现。当我们直接观察婴儿时，会发现很难将所见所闻翻译成带有情感的语言；如果只靠想象，也很可能出错，因为我们会把后期发展出的种种想法带入当下的情境。照顾自己孩子的妈妈，最容易真正理解孩子的感受，因为她们与精心照料的孩子心有灵犀，而这种特殊能力在几个月后就会流失。在彻底失去这一重要能力之前，妈妈很难想要与外界交流。

医护人员很擅长自己的本职工作，但不一定比其他人更了解婴儿的感受，毕竟这些孩子刚刚开启作为人类的成长之路。据说，在人类所有的关系中，没有什么比哺乳中的婴儿和妈妈（或者说是妈妈的乳房）之间的联结更强大了。我并不指望每个人都能很快接受这一点，不过，至少在对比母乳喂养和奶粉喂养的价值时，有必要将这一点考虑在内。诚然，动力心理学，尤其是针对新生婴儿的心理学，所描述的真理很难立刻被人完全接受。然而，在其他科学领域，如果发现了一个科学事实，人们通常能够毫无情绪压力地接受，但在心理学中，总会存在这种压力。所以，不太真实的事情反而比真相本身更容易被人们接受。

有了这个初步结论，我想直截了当地说，在母乳喂养的狂欢中，婴儿和母亲的关系格外密切。这种关系也很复杂，因为它必须包括兴奋的期待、喂食过程中的体验、满足感，以及从满足感中产生的本能紧张转为安静休息的状态。

然而，本能并非母乳喂养的全部，母婴关系也非常重要。在母乳狂欢和排泄经历之间，母婴关系也有兴奋和高潮。在婴儿早期的情感发展中，要把自己与母亲的两种关系联系起来是非常艰巨的任务——其中一种是本能的唤醒；另一种则是母亲即环境，是日常生活必需品（包括安全、温暖和免受意外伤害）的提供者。

要让婴儿形成"妈妈是一个完整的人"的清晰概念，没有什么比兴奋期间的美好体验（包括身心的满足）更合适的了。随着婴儿逐渐将妈妈看作一个完整的人，也就开始设法给妈妈一些回报。由此，婴儿也成为一个完整的人，能够捕捉到充满关爱的时刻，这时候的他欠下了恩情，却无以为报。这是婴儿负罪感的起点，也是他因深爱的妈妈不在而感到悲伤的起点。如果母亲建立了令人满意的母乳喂养关系，同时在一段时间内持续担任婴儿生命中最亲的那个人（直到她和婴儿都被认为是完整的人），母婴关系就获得了双重成功。然后，婴儿的情感发展已经朝着健康的方向走了很长一段路，而健康发展最终形成了他在人类世界中独立存在的基础。许多母亲认为，她们确实在最初几天内与婴儿建立了联系。当然，她们也希望婴儿在几周后微笑着给予认可。所有这些都是基于良好的母爱经验和本能满足的成就；一开始，这些成就可能会因喂食危险、与其他本能经验相关的困难或婴儿无法理解的环境变化而丧失。在婴儿生命的早期，建立和维护完整人际关系对孩子的发展具有非常重要的价值。

毫无疑问，如果妈妈因为某种问题无法进行母乳喂养，也可以在哺乳的兴奋时刻，通过人工喂养的方式让孩子获得本能的满足。不过，总体而言，母乳喂养的妈妈似乎能在哺乳过程中获得更丰富的体验，从而更有助于母婴关系的早期建立。仅从满足本能的角度来说，母乳喂养并不比人工喂养更有优势。然而，妈妈的整体态度才是最重要的。

此外，在研究母乳喂养的特殊价值时，还有一个复杂而非常重要的问题：婴儿是有想法的。在心灵深处，每一项功能都经过了详细阐述，甚至在生命最初，婴儿也有附着于兴奋和喂食体验的幻想。这种幻想就是对乳房的无情攻击，最终是对母亲的攻击，因为婴儿能够意识到受到攻击的乳房属于母亲。在原始的爱情冲动中有一种非常强烈的攻击性，那就是吃奶的冲动。在稍后的幻想中，母亲一再受到无情的攻击，尽管这种攻击很难察觉，但不能忽视婴儿目标中的破坏性因素。满意的哺乳结束了生理上的狂欢，也完成了幻想体验；尽管如此，当婴儿开始根据事实进行推断，并发现被攻击和吸干的乳房是母亲的一部分时，他就会对这些攻击性的想法进行相当程度的关注。

显然，接受过上千次母乳喂养的婴儿和同样次数人工喂养的婴儿大不相同。与人工喂养的妈妈相比，母乳喂养的妈妈更像一种奇迹。我并不是指人工喂养的妈妈就一无是处，无法应付局面。毫无疑问，人工喂养的妈妈也会跟孩子玩闹，让孩子顽皮地咬自己一口，只要一切顺利，孩子的感觉和母乳喂养的相差无几。尽管如此，二者之间的差别仍然存在。在精神分析过程中，通过追寻成年人成熟性体验的所有早期源头，分析师有充分的证据表明，在令人满意的母乳喂养中，从妈妈身体的一部分获取食物这一事实，为其日后参与各种涉及本能的体验提供了一份"蓝图"。

有些孩子无法吸奶，这也很常见。究其原因，通常不是婴儿先天性的问题，而是母亲这边出了问题，无法适应孩子的要求。众所周知，必须坚持母乳喂养的建议是错误的，会带来灾难性的后果。从母乳喂养转向人工喂养可以缓解压力，而且常常出现这种情况，有吸奶困难的婴儿由母乳喂养转向更客观的方法（即人工喂养），就不再表现出进一步的问题。同样，有些婴儿只有躺在小床里才能获得类似的体验，因为母亲的焦虑或抑郁破坏了被抱在怀里的丰富体验，从而扭曲了被妈妈抱在怀里的过程。对于焦虑或抑郁的母亲，婴儿一旦断奶，就能大大减轻压力。认识到这一点，该领域的研究人员就可以从理论上理解，妈妈成功履行职责的积极能力有多么重要。成功的经验对妈妈来说非常重要，虽然对婴儿也很重要，但有时对妈妈的重要性比对婴儿更强。

在这里，有必要补充的是，母乳喂养的成功并不意味着所有问题都迎刃而解，而是意味着开启了一段更紧张、更丰富的关系体验。同时，对婴儿来说，会有更多的机会产生一些征兆，表明属于生命和人际关系的真正重要的内在问题正在得以解决。用人工喂养代替母乳喂养时，方方面面的压力都会得以缓解。从容易管理的角度来看，医生可能觉得，人工喂养能够缓解压力，可能是一件好事。然而，这是从生理健康的角度看待人生。真正关心孩子的人，有必要从人格丰盛还是贫瘠的角度来看待孩子的成长，这是截然不同的另一码事。

母乳喂养的婴儿很快就能发展出这样的能力，能够用特定的物体作为乳房的象征物，进而作为母亲的象征物。婴儿与母亲（无论是处于兴奋状态还是安静状态）的关系，会表现在婴儿与拳头、拇指、其他手指、一小块布料或毛绒玩具的关系之中。婴儿情感目标的转移非常缓慢，只有当乳房的概念通过实际经历深深植入婴儿的心中时，才有可能用物体来象征它。最初，人们认为奶瓶可以作为乳房的替代物，但是只有在婴儿真正接触过乳房之后，再在适当的时候将奶瓶作为玩具引入，这样才有意义。如果一开始就用奶瓶喂奶，或者是在孩子出生几周内就用奶瓶替代乳房，那么，奶瓶就无法真正替代乳房。而且，从某种意义上说，在这种情况下，奶瓶不但无法成为母婴之间的纽带，还会成为一重阻碍。整体上说，奶瓶不能很好地替代乳房。

研究断奶这一问题很有意思，因为母乳喂养和人工喂养的断奶并不一样，虽然从根本上讲，二者的过程应该是一致的。婴儿长大到可以玩抛东西的游戏了，在妈妈看来，就到了该考虑断奶的时候。在这个阶段，断奶对婴儿来说很有意义，因为无论是母乳喂养还是人工喂养，他都已经对断奶做好了心理准备。然而，从某种程度上来说，没有哪个孩子能完全做好断奶的准备，尽管实践中确实有一部分孩子是自然离乳的。断奶过程中，婴儿总会感到愤怒，而在这一点上，母乳喂养和人工喂养的差别很大。在母乳喂养的情况下，孩子和妈妈必须协商出一个断奶的时间，在过渡期内，孩子会对乳房产生愤怒情绪，还会产生攻击的念头。与其说这种情绪和念头是由欲望驱使的，不如说是因愤怒而生的。对母乳喂养的婴儿和妈妈来说，成功断奶的经历显然比人工喂养的母婴丰富多了。在断奶的过程中，有这样一个重要的事实，妈妈经受住了与断奶相关的种种情绪，她之所以能够挺过来，一部分原因是孩子保护了她，另一部分原因是她保护了自己。

如果孩子将要被人收养，就得面对这样一个非常重要的实际问题：让孩子接受一小段时间的母乳喂养比较好，还是一点也不要母乳喂养？我想，这个问题没有现成的答案。就我们目前的知识水平而言，也不能确定面对要交给他人抚养的私生子，我们应该建议单亲妈妈母乳喂养，还是一开始就人工喂养。许多人认为，如果有机会的话，最好是提供一阵子母乳喂养（不管能有多长时间），这样妈妈在把孩子交出去的时候感觉会好一点；然而，在母乳喂养之后，妈妈在母婴分离时会更加痛苦。这个问题非常复杂，因为对妈妈来说，这种痛苦体验可能比事后才发觉自己错过了一次难能可贵的机会要好得多。因此，具体问题要具体看待，关键是要充分考虑妈妈的感受。对婴儿来说，成功的母乳喂养到断奶，显然能为收养提供良好的基础，但是，如果孩子开始得如此顺利，通常都不会被人收养。最常见的情况是，孩子的人生开端一塌糊涂，所以，养父母往往会发现，自己领养的孩子已经受到了早期复杂经历的严重干扰。可以确定的是，这些早期经历非常重要，所以，领养时，绝不能完全忽视孩子出生后几天或几周内的哺乳情况和照料情况。如果前期照料情况顺利，生命中的种种流程都比较容易启动；然而，如果孩子出生后的几周或几个月一片混乱，再想启动就很困难了。

有人可能会说，如果一个孩子最终要寻求长期的心理治疗，那么，他最好是有过母乳喂养史，因为这是他在治疗中重新获得丰富人际关系的基础。然而，大部分孩子不需要心理治疗，长期心理治疗则更是少见。因此，在孩子确定会被收养的情况下，接受稳定的人工喂养尽管不太理想，尚能差强人意，因为这种养育模式让母婴关系没那么亲密,即使更换了喂养者,也更容易让孩子感到稳定。从未得到母乳喂养的孩子在体验上更差,也许正因为体验较差,才有可能在不断更换喂养者时不至于陷入混乱,因为至少奶瓶和喂奶方式是稳定的。对婴儿来说,一开始必须有一些可靠的东西,否则他的心理健康之路就很难有一个良好的开端。

在这一领域,还有很多研究要做。必须承认,对全年龄段的儿童及成年人的所有病例(包括正常的、神经症的和精神病的)进行长期持续的精神分析,为该领域的全新认识提供了最丰富的原始资料。

综上所述,可以说,轻易避开母乳喂养的替代品这件事是不太可能的。在某些国家和文化中,人工喂养是普遍现象,这一事实必然会影响到群体的文化模式。如果一切进展顺利,从妈妈的角度来看,母乳喂养不仅提供了最丰富的体验,也更能令她感到舒适愉快。从婴儿的角度来看,母乳喂养让母亲和乳房的存在极为重要,远远超过了人工喂养时的奶瓶和喂养者。母乳喂养的丰富体验可能会给妈妈和孩子带来困难,但这绝不能成为拒绝母乳喂养的理由,因为照料婴儿的目标不只是避免麻烦。照料婴儿的目标也不应仅仅局限在身体健康,还应包括为其提供种种条件,让他能够获得最丰富的情感体验。从长远来说,就是要培养孩子个性和人格中的深度与价值。

第九章
孩子为什么会哭?

妈妈想了解孩子,婴儿需要被理解,有关这些方面,我们已经讨论过一些很明显的问题。婴儿需要妈妈的乳汁和温暖,也需要妈妈的爱和理解。如果你能了解自己的宝宝,就能在他需要的时候伸出援手,因为没有谁能比妈妈更懂得自己的孩子,所以你就是最适宜帮助他的人选。想想看,孩子什么时候特别需要帮助?那就是他在大哭的时候。

众所周知,婴儿都很爱哭,你得不断做出抉择,究竟是让孩子继续哭,还是去安抚他、给他喂奶,或者让爸爸来对付,还是直接交给有经验的保姆——毕竟她似乎很了解孩子,至少她自己这样认为。作为妈妈,你可以希望我直接告诉你该怎么做,但如果我真的这么说了,你又会说:"蠢货!孩子哭泣的原因多种多样,你根本不知道他为什么哭,怎么知道要如何处理?"确实如此,也正是因为如此,我想和你一起弄清楚孩子哭泣的原因。

我们可以把哭泣的原因分为四类,较为准确地归纳为:满足、痛苦、愤怒和悲伤。你会发现,我讲的内容都显而易见、平平无奇,事实上,每个妈妈都天然懂得孩子哭的原因,只是没有尝试用语言总结出来而已。

我要说的是，哭泣不外乎以下几种：给宝宝锻炼肺部的感觉（满足）；哭闹的信号（痛苦）；生气的表达（愤怒）；伤心的歌曲（悲伤）。如果你能接受这种说法，那么，接下来我会更仔细地解释一二。

也许你会觉得奇怪，大家都认为哭泣说明孩子感到痛苦，为什么我说哭泣的第一种类型是为了满足和快乐？这是因为，我确实认为有必要将这一点放在最前面。我们必须认识到，哭也可以是快乐的，就像婴儿会通过练习身体机能来获得快乐一样，所以，有时可以说，哭到了一定的时间才会让婴儿满意，反之则达不到相应的效果。

一位妈妈告诉我："我的孩子只在要吃奶的时候才哭。当然，每天4点到5点之间，他都会哭上一小时左右，我觉得他喜欢这样。他并没有碰上什么麻烦，而我会让他知道，我在他身边，但是没有打算做什么安抚他的举动。"

有时，有人会说，孩子哭的时候，千万别去抱他，过一会儿再去应付他。但是，也有人说，我们不能让婴儿哭。我想，这些人可能还会告诉妈妈们，别让孩子啃拳头、吸手指，别给他们用安抚奶嘴，也别让他们在吃完奶后触碰妈妈的乳房。他们不知道，孩子有（而且必须有）自己的方式去处理自己的麻烦。

总之，没必要控制孩子的哭泣，因为不爱哭的孩子未必就比爱哭的孩子强。就我个人而言，如果必须在两个极端之间选一个，我宁可选择爱哭的孩子，因为他们至少很了解自己发声的能力。只要别让他们哭得太过频繁而陷入绝望的境地，就可以了。

我想说的是，从婴儿的角度来看，任何身体锻炼都是有益的。对新生儿而言，呼吸本身就是一项新的成就，在习惯呼吸之前，它甚至相当有趣。尖叫、大喊以及各种哭泣，当然也都需要练习。妈妈认识到哭的价值非常重要，这样一来，我们就能发现，当孩子遇到困难时，哭能够成为一种安慰剂。孩子会哭是因为他们感到焦虑或不安全，此时哭泣非常有用。除了安慰效用，我们也必须承认，哭泣是有好处的，它有助于孩子学说话，也有助于学步儿学会打节奏。

你知道，孩子会把小拳头或手指塞进嘴里，以此来应对挫折。而尖叫就像从内心深处伸出的拳头，谁也阻止不了。你可以把孩子的手从嘴里拉出来，却无法让他把哭憋回肚子里。你不可能完全避免孩子哭叫，我也希望你没有尝试过这样做。如果你的邻居受不了噪声，那很不幸，因为你不得不顾忌他们的感受，采取措施尽量不让孩子大哭。不过，这件事与研究宝宝哭泣的原因并不相同，可以用来防止或打断对孩子无益甚至可能有害的哭泣。

医生认为，新生儿响亮的哭声是健康和力量的标志。事实上，哭声在很长时间内都是健康和力量的标志，是体育锻炼的早期形式，也是身体机能的练习方式，能给孩子带来满足和愉快。然而，哭的意义远不只如此，那么，哭还有什么其他意义呢？

识别哭声中的痛苦非常容易，我们自然而然地就能发现孩子碰到了麻烦，需要你的帮助。

当孩子感到痛苦时，他会发出尖叫或其他刺耳的声音，往往还伴有身体动作，告诉你哪里出了问题。比如说，如果他腹部绞痛，就会收紧双腿；如果耳朵痛，就会用手捂住痛的那只耳朵；如果觉得光线太刺眼了，就会扭过头避开光线。不过，面对巨大的响声，他还不知道应该怎么应对。

痛苦的哭声对婴儿来说并不愉快，也没有人认为它很愉快，因为这种哭喊会立即惊动周围的人，促使他们马上做些什么。

其中一种痛苦叫作饥饿。是的，我认为，对婴儿来说，饥饿相当于一种痛苦。饥饿给婴儿带来了什么样的痛苦？成年人可能早就忘了，因为成年人很少会饿到痛苦的程度。在如今的英国，我想，很少有人真正了解痛苦的饥饿是种什么感受。想想看，为了保证食物供应（甚至是战时的食物供应），我们付出了多少努力。我们考虑的是吃什么，很少考虑吃不吃。如果吃不到某种喜欢的食物，我们可以尽量不去想它，而不是总惦记着却又吃不着。但婴儿非常清楚极度饥饿带来的痛苦和折磨。妈妈都希望自己的孩子又好养又爱吃，在听到、看到、闻到食物准备好的征兆时能够兴奋起来。然而，兴奋起来的孩子同时也会感到痛苦，从而表现为哭泣。不过，如果紧接着来的是愉快的哺乳，这种痛苦很快就过去了。

婴儿出生后，我们就时常能听到痛苦的哭声。或早或晚，我们还会注意到一种新的痛苦的声音，那就是担忧的哭泣。我想，这意味着孩子开始懂事了。他逐渐明白，在某些特定的情况下，他必然会感到痛苦。当你开始给他脱衣服时，他知道，温暖舒适的衣服要离开了，目前的位置也会发生变动，安全感随之荡然无存。因此，当你解他的第一颗纽扣时，他就开始哭了。这说明他开始具有一定的推理能力，拥有了一定的经验，能够想到后续要发生的事情。随着时间流逝，孩子慢慢长大，这一切自然也会变得越来越复杂。

众所周知，有时候孩子大哭，是因为身上弄脏了。这可能意味着婴儿不喜欢脏（当然，如果他长期处在很脏的状态，皮肤可能受损，造成伤害），但往往并非如此——这意味着他害怕被打扰，而此时的他已经可以预料到马上就会被人打扰了。经验告诉他，接下来的几分钟内，他会失去所有安全保障，也就是说，他会被脱掉衣服，挪动位置，失去舒适的温度。

恐惧大哭的根源是痛苦，这就是为什么每次哭泣听起来都很接近。婴儿记住了其中的痛苦，也能预料痛苦会反复发生。婴儿经历过尖锐的痛苦感之后，遇到任何可能让他再次感到痛苦的威胁，都会吓得大哭。很快，他就产生了一些想法，其中一些令人恐惧。所以，如果他哭了，我们要考虑的是，什么东西让他想到了痛苦，尽管这些东西可能只是他想象出来的。

如果你现在才开始想到这些问题，可能会觉得我把事情弄得过于复杂了，但我也没有办法。幸运的是，接下来要说的内容非常简单，因为哭泣的第三个原因是愤怒。

我们都知道自己发脾气是什么样子，也知道愤怒到了某个程度时，我们似乎会有一段时间完全失控。你的孩子也清楚地知道暴怒是怎么回事。不论你多么努力，都不免会让孩子失望，随后他就会愤怒地哭泣；在我看来，有一点值得欣慰，愤怒的哭泣表示他仍然信任你，希望能够改变你。孩子一旦彻底失去信任，就不会愤怒了，而是放弃渴望，用一种极为痛苦、幻灭的方式号哭，或是用脑袋撞枕头、墙和地板，或是用力所能及的方式做类似的举动。

对孩子来说，了解愤怒的全貌是健康的。你瞧，他生气的时候，当然不会觉得自己对任何人都没有造成伤害。你一定知道他发脾气的模样。他会尖叫、踢打，如果年龄稍大一点，还会站起来摇晃婴儿床的围栏。他连咬带抓，吐口水、喷唾沫，把周遭弄得一团糟。如果他真的特别生气，还会憋着一口气，脸色发青，火冒三丈。在短短几分钟里，他好像真的想毁掉或破坏周遭的每一个人、每一件东西，甚至不介意毁掉自己。你当然会想方设法让孩子脱离这种状态，然而，如果孩子在暴怒的状态下哭泣，感觉自己似乎已经毁掉了周围的一切，旁边的人却能保持冷静、完好，这种体验会让他进一步认识到，感觉到的真实不一定真的存在，幻想和现实虽然都很重要，但二者之间存在深深的鸿沟。你当然不必故意激怒孩子，原因很简单，不管你愿不愿意，你的很多行为都会让他生气。

有些人行走世间，总担心自己发脾气，害怕小时候体验过的暴怒卷土重来，带来糟糕的后果。基于种种原因，这种情况从未真正得到检验，也许是因为他小时候一发脾气，就把妈妈吓坏了。如果妈妈能够保持冷静，就可以给孩子传递信心。反之，妈妈如果表现得好像生气的宝宝真的会带来危险，就把事情搞砸了。

暴怒的婴儿是个完全的人。他知道自己想要什么,知道如何才能得到,并且拒绝放弃希望。一开始,他几乎不知道自己拥有武器,不明白自己的喊叫有杀伤力,也不知道自己的脏乱会给人带来麻烦。然而,几个月后,他能够感到危险了,发现自己有伤害别人的能力,也想要伤害别人。或早或晚,根据他自己的痛苦体验,他会知道别人也能感到痛苦,也会感到疲劳。

观察你的宝宝,看看他什么时候第一次表现出他能伤害你,并且想要伤害你——这一定能引起你很大的兴趣。

现在,我想谈谈哭泣的第四个原因——悲伤。我知道,就像不必对视力正常的人描述颜色一样,我也不必向你描述悲伤的意思。但是,出于种种原因,只是简单提到"悲伤"这个词是远远不够的。首先,婴儿的感受非常直接而强烈,而作为成年人,尽管我们非常重视孩子的强烈感受,也愿意在某些时刻重新体验一番,但我们早就学会了如何保护自己,不会像儿时那样,任由几乎无法承受的情绪支配。如果我们失去了深爱的人,当然无法避免痛苦的悲伤,我们会停下脚步,静静度过一段哀悼期,而我们的朋友会对此表示理解和容忍。此后,或早或晚,我们会恢复过来。成年人不会像婴儿那样,从早到晚将自己暴露在极度的悲伤之中。事实上,很多人为了回避悲伤和痛苦,会严密地将自己保护起来,以至无法认真面对任何事情,哪怕他们想要认真;无法感受深切的情感,哪怕他们想要感受。这是因为他们害怕一切真实的东西。他们发现,自己无法承受爱一个特定的人或物的风险，隔绝风险能让他们免受悲伤之苦，但也会失去很多。为什么人们喜欢悲伤的电影，在别人的故事里流泪？这至少说明他们没有失去悲伤的能力！悲伤是婴儿哭泣的原因之一，但在这里，我得提醒你，你不可能轻易记住自己婴儿时的悲伤，所以，你不能通过直接同情（direct sympathy）来认定自己孩子的悲伤是什么样的。

即使是婴儿，也知道如何对痛苦进行强有力的防御。但我试图告诉你，婴儿确实会悲伤地哭泣，你肯定也曾听到过。我希望能帮你看清悲伤哭泣的意义和价值，这样一来，下次听到的时候，你就知道该怎么做了。

在这里，我想提醒一下，当你的孩子开始为悲伤而哭泣时，说明他已经在情感发展的道路上走了很长一段路。然而，正如前面谈到愤怒时那样，如果你尝试引导孩子悲伤的哭泣，也会一无所获。但愤怒和悲伤还是有区别的，因为愤怒或多或少是对挫折的直接反应，而悲伤则意味着婴儿内心发生了一系列复杂的变化，接下来我会进一步描述后者。

不过，首先我要说的是，悲伤的哭声中有一种音律，这一点我想你也发现了。有人认为，悲泣是很有价值的音乐的根基之一。从某种程度上来说，孩子的悲泣也是一种自娱自乐。他在等待睡意淹没悲伤情绪时，很容易发展和尝试各种音调的哭声。稍微大一点之后，他好像可以听着自己的悲鸣入睡。此外，你也知道，悲伤的哭泣往往会流泪，而愤怒的哭泣则不一定。不悲伤的哭泣往往意味着眼睛鼻腔都很干燥（没有流出眼眶的泪水会顺着鼻泪管流进鼻腔)。所以,眼泪在生理和心理上都是健康的。

或许我可以举个例子来解释悲伤的价值。以一个十八月龄的孩子为例,因为同样的故事在更小的婴儿身上表现得比较模糊,而在这么大的孩子身上则明朗多了。这个小女孩在四月龄时被人收养,此前的成长经历非常不幸,所以特别依赖母亲。可以说,和那些幸运的宝宝不同,她还没能建立起"好妈妈"的概念,所以会牢牢抓住好好照顾自己的养母。小女孩如此依赖养母,导致养母也知道自己一步也离不开她。孩子七个月大的时候,养母要离开半天,于是将她托付给一个经验丰富的照料者,结果几乎是一场灾难。现在,孩子已经一岁半了,妈妈决定休假两周,跟孩子交代了情况,将她托付给了熟悉的人。这两周里,孩子非常焦虑,甚至无心玩耍,总在试图打开养母卧室的门,无法接受妈妈不在家这个现实。她太害怕了,以至忘记了悲伤。我觉得,对她来说,可以说这两周的世界都停止了。最后,妈妈终于回来了,孩子愣了一会儿,确定眼前的妈妈是真实存在的,然后扑进妈妈怀里,张开双臂抱住她的脖子,抽泣不已,陷入了深深的悲伤。过了很长一段时间,才恢复到正常状态。

从外人的角度来看,会觉得妈妈不在的时候,小女孩应该特别伤心。但是,实际上女孩当时没有悲伤,直到妈妈回来,她觉得可以抱着妈妈伤心了,才肆意地哭出眼泪来。为什么会这样呢?我认为,因为当时的小女孩必须应对一些令她很害怕的事情,那就是妈妈的离开让女孩对她产生了怨恨。我选择这个例子,是因为这样一个事实:女孩非常依赖养母,并且很难在其他人身上找到母爱，从而很容易看到，孩子发现自己怨恨妈妈时，会感到多么可怕。所以，她一定要等到妈妈回来，才能感到悲伤。

然而，妈妈回来之后，小女孩做了什么呢？她可能会冲上去，咬妈妈一口。如果有读者经历过这样的情况，我一点儿都不会感到意外。不过，这个小女孩却环抱住妈妈的脖子抽泣不已。妈妈对这种表现会如何理解呢？如果她把这种理解表达出来（我很庆幸，她没有这样做），可能会说："我是你独一无二的好妈妈。我不在，你开始怨恨我，这种情绪吓着你了。你恨我，你为此感到很抱歉。不仅如此，你觉得我离开你，是因为自己做错了事，或者因为你对我的要求太多了，又或者因为你在之前就曾经怨恨我——觉得我会永远离开你。直到我回来，你搂着我的脖子，才意识到，即使我和你在一起，你内心也想将我赶走。因为你的悲伤，你赢得了搂住我脖子的权利，因为你表明了，即使我的离开伤害了你，你仍然觉得这是你的错。事实上，你感到内疚，好像你是世界上一切坏事的根源，而实际上你只是促使我离开的一小部分原因。婴儿是很麻烦，但母亲们早就有这种心理准备，将其当作一种甜蜜的负担。你的过度依赖让我格外筋疲力尽；但我自从选择了收养你，就不会对你带来的疲累感到怨恨……"

妈妈本可以这样说，但谢天谢地，她没有说出口。实际上，这些念头从未进入她的脑海，因为她正忙着安抚哭泣的女儿。

为什么我会不厌其烦地讲述这个小女孩哭泣的故事？我相

信,孩子伤心哭泣时,没有哪两个人会给出一模一样的描述,而我说的内容不见得完全准确,但也不会完全错误。我希望,通过我的描述,能让你发现悲伤的哭泣非常复杂,它意味着你的孩子已经在这个世界上占据了一席之地。他不再是随波逐流的浮萍,已经开始对环境负责了。他不再只是对环境做出反应,而是开始对环境负责。问题是,一开始,他会觉得要对发生在自己身上的事情和生活中的外部因素完全负责。随着慢慢成长,他才能从他觉得有责任的事情中找出不需要负责的部分。

现在,我们来对比一下悲伤的哭泣和其他类型的哭泣。你能看到,从出生开始,婴儿就会因疼痛和饥饿而哭泣。愤怒出现在婴儿逐渐开始懂事的过程中,恐惧则说明孩子成长到能够预测痛苦的程度了。悲伤所代表的意义远远超过其他强烈的感受,如果妈妈能够理解悲伤所蕴含的价值,就不会错过一些重要的事情。当孩子会说"谢谢""对不起"时,大人都会非常开心。不过,感谢和道歉的早期形式就包含在悲伤的哭泣中,而且比大人所教的言语表达更具价值。

你应该已经注意到了,在上文中,悲伤的小女孩搂住妈妈的脖子抽泣不已,是一幅多么合理的画面啊。愤怒的孩子如果和妈妈的关系改善了,一般不会再生气。如果他躺在妈妈腿上,通常是因为他害怕离开,而妈妈则可能希望他离远点儿。但如果孩子伤心了,妈妈可以抱起他安抚,因为他为伤害自己的事情负起了责任,获得了与大人保持良好关系的权利。事实上,悲伤的孩子可能需要你从身体和情感两方面来爱他。他不需要你的摇晃和逗乐，也不需要你用其他方式来分散他的注意力，帮他从悲伤中解脱出来。如果他保持在哀痛状态中，会需要一段时间来恢复。他只需要知道，你仍然爱着他，有时，最好能让他自己哭一会儿。记住，在婴儿期和童年期，没有什么比自发从悲伤和内疚中恢复过来的感觉更好了。有时你会发现，孩子故意顽皮，是为了让自己感到内疚、哭泣，然后体会到原谅的感觉。他曾体验过从悲伤中恢复的感受，这时候的他迫切想要重温这种感觉。

　　迄今为止，我已经描述了多种多样的哭泣。当然，要说的话还有很多。但我想，你可能已经从我的分类中得到了一些收获。还有一种没有提到的类别，那就是绝望的哭泣。如果宝宝觉得没有任何希望了，就会从其他种类的哭泣转成绝望的哭泣。在家里，你可能从未听过这种哭声，如果听到过，情况可能早就失控，需要求助了——尽管我一再强调，妈妈比任何人都更懂得照顾孩子。在护理机构中，更容易听到绝望、崩溃的哭声，因为在这里，没办法让每个孩子都拥有一个妈妈。我只是为了完整补全哭泣的类型，才提到这种哭泣。事实上，如果你愿意全身心地照顾你的孩子，就意味着他是幸运的；除非偶然发生了什么事情，打乱了你的日常管理，否则他完全可以直接让你知道他何时生你的气，何时爱你，何时想摆脱你，何时焦虑或害怕，以及何时他只想让你明白，他正沉浸在悲伤中。

第十章
逐步了解世界

如果你听过哲学辩论，有时能听到人们长篇大论地辩论真实与虚幻的问题。有人说，真实意味着摸得着、看得见、听得到的东西；也有人说，感觉真实的东西才是重要的，比如说噩梦或对上车插队者的厌恶。这听起来很难懂，而且跟照顾孩子的妈妈有什么关系呢？接下来，我会解释这一问题。

带孩子的母亲面对的是一个不断发展变化的情境，孩子一开始对世界一无所知，等到妈妈完成了自己的任务，宝宝也就长大成人了，开始了解世界，找到生活方式，甚至学会参与世界的发展。这是一系列多么大的变化啊！

但是，你会发现，有些人在真实事物的判断上出现了困难，他们感受不到真实。对大部分人而言，某些事情在特定时刻的感受会更真实。我们可能都做过这样的梦，感觉梦里的一切比现实世界还要真实。对某些人而言，他们个人想象中的世界，比现实世界更加真实，所以在现实世界中很难顺利生存。

现在，我们要问这样一个问题，为什么一个普普通通的健康人既能感受到现实世界的真实，又能感受到想象世界和个人世界的真实？你我是怎么成为这样的人的？成为这样的人有一个巨大的优势，那就是，我们既可以借助想象力让这个世界变得更加令人兴奋，又可以利用现实世界来丰富自己的想象。那么，我们自然而然就会成长为这样吗？我要说的是，如果没有最初帮助我们一点一滴认识世界的母亲，我们就无法这样成长。

那么，两岁、三岁、四岁的孩子分别是什么样的呢？学步期的孩子会怎样看待世界？对学步儿来说，每一种感觉都极度强烈。而对于我们成年人，只有在某些特定时刻，才有可能重温这种儿时特有的强烈的美妙感受，任何能帮我们重温这种感受、且不会带来恐惧的事物都会大受欢迎。比如，有些人通过音乐、绘画来重温，有些人通过球赛，有些人通过盛装参加舞会，也有人通过女王从自己车旁走过时的一瞥。幸福的人就是既能脚踏实地，又能享受这种强烈的感受，哪怕只是在梦里或回忆里。

对小孩（尤其是婴儿）来说，生命只是一系列高度紧张的体验。你一定注意到了，打断孩子玩耍会导致什么，事实上，只要你提前提醒，孩子到时就可能在某种程度上结束游戏，从而容忍你的打扰。一个叔叔给你儿子送了玩具，这是现实世界的一部分，但如果在合适的时间有合适的人以合适的方式给了他，他对孩子的意义应该更加非凡。这一点我们应该理解，也应该允许。也许，我们还记得我们自己小时候的一个小玩具，以及它对我们的意义。但如果它还躺在你家的壁炉台上，现在看来，它是多么单调啊。两到四岁的孩子可以同时生活在两个世界里。我们与孩子共享的这个世界，同时也是孩子自己的想象世界，因此，孩子能够强烈地体验它。其原因是，当我们与这个年龄的孩子打交道时，不会强求他们对外部世界有准确的感知。孩子不需要时时刻刻脚踏实地。如果一个小女孩想飞，我们不会说："孩子是不能飞的。"取而代之的是，我们把她抱起来，举到头顶，把她放在柜子上，让她感觉自己像鸟一样飞到自己的窝里。

要不了多久，孩子就会发现，飞行是无法用魔法完成的。也许在梦中，飘浮在空气中的魔法会在某种程度上被保留下来；或者，至少会有一个像巨人一样迈着大步子的梦。一些童话故事中的"神奇飞靴"或"魔毯"，就是成年人对飞翔这一主题的贡献。十岁左右的孩子会开始练习跳远和跳高，试图跳得比其他人更远、更高。三岁的孩子会自然产生与飞行有关的强烈感受，到了十岁之后，这就是除了梦之外仅存的一切。

重点是，我们不能把现实强加给幼儿，哪怕孩子已经五六岁了，我希望大家也不要这样做。这是因为如果一切顺利的话，五六岁的孩子会对成年人所谓的"现实世界"产生科学兴趣。现实世界丰富多彩，前提是在接受它的同时，不要失去个人想象世界或内在世界的真实性。

对幼儿来说，他们的内心世界可以是外在的，也可以是内在的。因此，当我们跟孩子一起玩游戏，以某种方式加入孩子的想象体验，就进入了孩子的想象世界。

有一个三岁的小男孩，他很开心，整天都在玩耍，有时跟其他小朋友一起玩，有时自己一个人玩。同时，他已经可以像成年人一样坐在饭桌前吃饭了。白天的时候，他可以非常清楚地区分大人所说的现实世界和想象世界，那晚上呢？他会睡觉，无疑也会做梦，有时会尖叫着醒来。听到尖叫声，妈妈立即跳下床，走进孩子的房间，打开灯，把他抱起来。他会开心吗？恰恰相反，他尖叫起来："走开，老巫婆！我要我的妈妈！"他的梦境延续到了我们所谓的现实世界，接下来的 20 分钟左右，妈妈只能等着，什么也做不了，因为孩子觉得她是巫婆。忽然，他张开双臂抱住了妈妈的脖子，紧紧搂住她，好像她刚刚才出现似的。还没等他把"女巫骑扫把"的梦中故事讲完，小男孩又睡着了，所以妈妈可以把他放回小床上，自己回去睡觉。

再看一个七岁的小女孩，她非常乖，告诉妈妈说新学校的所有同学都不喜欢她，女老师很凶，总爱挑她毛病，拿她当反例，还经常羞辱她。当然，听到这些话，你要去学校找老师谈一谈。我并不打算说所有老师都是完美的，但你可能发现，老师是个直率的人，事实上，老师也很苦恼，因为小女孩好像给她找了不少麻烦。

那么，你对孩子有所了解了。此时的他们可能还不清楚外部世界的模样，应该允许他们拥有成年人所谓的幻觉。或许，你与老师喝杯茶，聊聊天，事情就解决了。没过多久，你可能发现孩子又走向了另一个极端，与老师建立了非常强烈的依恋关系，甚至将她视为偶像，以至害怕别的孩子因老师的偏爱而嫉妒自己。随着时间的推移，事情可能逐步走向平静。

现在，如果我们观察养育机构里的小孩子，很难根据大人对老师的了解来判断小朋友会不会喜欢她。你可能认识这位老师，也许不太喜欢她。她没有什么吸引力。她母亲生病时，她表现得相当自私。但孩子对她的情感并不是基于这种事情。孩子可能相当依赖她，并对她忠诚，因为她很可靠，很友善，很容易成为孩子幸福成长过程中所必需的人。

这一切都源自早期的母婴关系，而这段关系有其特殊的条件，那就是婴儿小的时候，妈妈和宝宝共享着一个小小的世界。一方面这个世界很小，小到不让孩子感到迷惘；另一方面，要让这个世界逐渐扩大，好让孩子享受世界的能力日益增长。这是妈妈至关重要的任务，也是妈妈自然而然就能完成的任务。

如果再仔细观察一下，我们会发现，妈妈在此期间还做了两件有益的事。其一，妈妈会想办法避免巧合，因为巧合会造成迷惘。比如说，在断奶的同时将孩子交给其他人照顾，或者在发麻疹的时候改吃固体食物，等等。其二，妈妈能够区分真实和幻想，这一点值得我们进一步仔细研究。

小男孩晚上惊醒，把妈妈叫成巫婆，但妈妈很清楚自己不是巫婆，所以她可以安心地在一旁等待，让孩子自己苏醒过来。第二天，他问妈妈："妈妈，世界上真的有巫婆吗？"妈妈可以轻松地回答"没有"。同时，她拿出了一本有巫婆的故事书。当你精心准备了牛奶布丁，却被孩子推开，并做着鬼脸说里面有毒时，你不会生气，因为你很清楚布丁没有问题。同时，你也知道，他只是暂时觉得里面有毒，你可以想办法打消这种顾虑，说不定几分钟过后，他就会开开心心地把布丁吃光。如果你自己也不太确定，就容易大惊小怪，甚至强行把布丁塞进孩子嘴里，为了向自己证明它没问题。

妈妈对真实和虚幻的清晰认识，能通过各种方式帮助孩子，因为孩子必须逐步理解世界并非想象中的样子，而想象也不完全是真实的世界，但二者相互需要。你还记得孩子喜欢的第一件东西吗？可能是一块毯子，也可能是一个毛绒玩具，对婴儿来说，这几乎是他自己的一部分，所以如果有人将它拿走或洗掉，结果可能带来一场灾难。等孩子成长到自己能扔这个及其他东西了（当然，他会希望它还能被捡回来），你就明白，孩子能允许妈妈暂时离开，然后再回来了。

现在，我想回到起点。如果一开始就进展顺利，后面的事情就容易多了。我想再谈谈早期哺乳的问题，前文已经写过，当宝宝想要吃奶时，妈妈应该准备好乳房或奶瓶；而当宝宝不想吃了，妈妈就要让乳房或奶瓶消失。发现了吗？妈妈就是用这样的方式，开始向孩子介绍这个世界。孩子出生九个月，妈妈已经喂了上千次奶，对于其他事情，也会根据宝宝的需求及时进行微妙的调整和适应。对这个幸运儿来说，甫一开始，世界就和他的想象结合在一起，被织入想象的纹理之中，宝宝的内在世界也因其感知到的外部世界而更加丰富。

接下来，我们再回头看看人们所谓的"真实"是什么意思。如果某人有一个好妈妈，能够用平凡而优秀的方式，从婴儿时期就开始慢慢向他介绍这个世界，就像你对自己的宝宝所做的那样，那么，他将会发现"真实"分为两种，而且也能同时感受到两种真实的存在。反过来说，如果一个人的妈妈把事情搞得一团糟,那么,对他来说,就只能有一种"真实"。这个不幸的人要么看到的是一个跟大家一样的真实世界,要么将一切都视为想象世界和个人世界。我们可以让这两个人自行争论。

所以,在很大程度上,世界的模样取决于它呈现给婴儿和孩子的方式。平凡的母亲可以开启并完成这一惊人的事业,让婴儿一点一滴逐步了解世界,这并不是因为她像哲学家那样聪明,而是因为她对自己孩子的爱。

第十一章
将孩子看作一个人

我一直在想，怎样才能把孩子当作一个人来描述。很容易看出，食物进入孩子体内，就会被消化。为了孩子的成长，其中一部分营养被输送到身体的各个部位，一部分作为能量储存起来，而另一部分以某种方式被排泄了出去。这只是从生理的角度来看待孩子，但如果我们将他作为一个人来看待，就不难发现，喂养经验包括想象的和身体的两种，二者相互依赖，互为基础。

我觉得，你可以这样去想，你出于母爱为孩子所做的一切，就像食物一样进入了宝宝的身体。孩子利用它创造出了一些东西，而且他也会在一定时期内充分利用你，然后将你丢弃，就像他对待食物一样。或许，为了讲得更明白一些，我得让孩子忽然长大一点。

有这么一个十月龄的小男孩，当他妈妈和我说话时，他就坐在她腿上。小男孩活泼好动，充满好奇。我没有故意把东西弄乱，而是把一个吸引人的小玩意儿放在了桌角上，正处在我和他妈妈中间。我和他妈妈一边继续谈话，一边用余光观察孩子。你应该可以肯定，正常孩子一定会注意到那个小玩意儿（比如说是一个勺子），也一定会伸手去拿它。而实际上，他可能刚刚想伸手去拿的时候，就忽然矜持起来，好像心里在想："我得先搞清楚，不知道妈妈对这个东西有什么想法，最好先搞清楚她的想法再去拿。"所以他不再看勺子，好像根本不感兴趣似的。然而，没过一会儿，他的兴趣又回来了，试探性地用一根手指去碰勺子。他可能会抓起勺子，看着妈妈，观察妈妈的眼神。此时，我可能得告诉妈妈该怎么做了，否则她可能会阻拦或帮助孩子。我请她尽量不要干涉孩子正在做的事情。

小男孩逐渐发现，妈妈的眼神并未否定他的行为，所以他更坚定地抓紧勺子，将其据为己有。但他仍然非常紧张，因为他不确定，如果拿勺子做了自己特别想做的事情，会有什么样的结果。他甚至都不太确定自己到底想拿勺子做什么。

我们知道，过不了多久，他就能发现自己想用勺子做什么了，因为他的小嘴兴奋起来了。虽然他还是非常安静，若有所思，但是口水已经从嘴里流出来了。他的舌头湿乎乎的，开始想用嘴去含住勺子，用牙龈去咬它。很快，他就把勺子塞进嘴里，然后表现出常见的攻击性，就像狮子、老虎或其他孩子抓住了好东西那样。他看起来想要把勺子吃掉。

现在，可以说，孩子真的把这个东西据为己有了。他不再专注、疑惑和怀疑，也就不再那么平静了。相反，他充满信心，新的战利品让他感到非常满足。可以说，在想象中，他已经吃掉了它。正如食物进入身体并被消化，成为他身体的一部分一样，他以想象的方式吃掉了这个勺子，使之成为他自己的一部分，而且还可以使用。那么，究竟怎么使用它呢？

答案很清楚，因为这种情况时常在家里发生。他会把勺子凑到妈妈嘴边去喂她，希望妈妈假装吃掉它。需要提醒的是，他不是真的想让妈妈咬一口勺子，如果妈妈真的咬住了勺子，他还会相当害怕。这是一个游戏，也是宝宝将自己的想象付诸实践的一种尝试。他在玩耍，同时也邀请别人一起参与。他还会做什么呢？他也会喂我，希望我也假装吃了这个勺子。他还可能对房间那头的人做手势，邀请别人张嘴来吃。他想让所有人一起分享这个有趣的东西。他拥有了它，为什么不让大家一起拥有呢？他终于有了一个可以慷慨分享的东西。然后，他又把勺子塞进妈妈的衣服里，放在她的胸脯处，然后又重新发现它的存在，把它拿出来。接着，他把勺子塞到桌上的吸墨纸下面，一遍又一遍地玩着"失而复得"的游戏。或者，他注意到桌上有一个碗，开始从碗里舀出想象中的食物，想象着吃他的肉汤。这是一段非常丰富的经验。它对应于人体中神秘的消化过程，那是一个食物被吞食后消失、粪便和尿液在身体末端排出之间的过程。婴儿会通过这类游戏来丰富自己，类似的例子还有很多。

现在，小男孩弄掉了勺子。我想，他的兴趣开始转移到别的事情上了。我把勺子捡起来，再次递给他。没错，他看起来似乎想要勺子。然后，他又开始玩之前的游戏，把勺子当作自己身体的一部分。不过，勺子很快又掉了！这显然不是偶然的。可能是因为他喜欢勺子掉在地板上的声音。我们可以再试试看。我又把勺子递给他，这一次，他刚接到勺子就故意松了手。原来，现在他最想做的事情是扔勺子。我再次把勺子递给他，他直接把它扔了出去。现在，他转而伸手去抓别的东西，完全不想玩勺子了。至此，这段表演告一段落。

正如我们所见，孩子一开始对某样东西产生兴趣，将它当作自己的一部分，使用它，而后丢弃它。这种情况在家里时常发生，不过，在这个特殊的情境里，我们给孩子提供了充足的时间去完成这一体验，从而让事情发生的顺序展现得更加明显。

通过对这个小男孩的观察，我们学到了什么呢？

首先，我们见证了一次完整的经历。由于是在可控的环境中，所以整个过程有开头、中间和结尾，是一个环环相扣的事件，对孩子非常有益。当你匆匆忙忙或心烦意乱时，没办法让孩子完成整个过程，此时的宝宝很可怜。不过，当你有时间的时候，就可以让宝宝体验整个过程，能够让他学会抓住时间观念。最初的时候，孩子并不知道任何一件事有开头就会有结尾。

你有没有发现，一旦孩子有了开始和结束的强大概念，就能享受（或者忍受）事情的中间过程？

通过给孩子提供足够的时间进行充分体验，同时参与孩子的活动，你开始逐渐为孩子奠定基础，让他未来能够无拘无束地享受各种体验。

通过观察这个玩勺子的小男孩，我们还能发现另一个问题。我们发现，在开始一段新的冒险旅程时，总会有一些怀疑和犹豫。我们看到，小男孩先是伸出手去碰碰勺子，然后才拿起来玩一下，简单做了点反应之后很快就"失去"了兴趣。后来，通过仔细观察妈妈的情绪，他重新燃起了兴趣。但他还是很紧张、不确定，直到他真的把勺子放进嘴里啃起来。

如果新的情况出现，而妈妈正好在场，孩子首先会征求妈妈的意见。所以，你要很清楚宝宝可以碰什么东西，不能碰什么东西。最简单的方法往往是最好的，那就是，避免孩子不能碰、不能吃的东西出现在他周围。你看，宝宝正试图理解你的决定背后的原则，这样才能学会预测什么是可以干的。等他再长大一点，语言就能用上了，你可以告诉他"太尖了""太烫了"，或者用其他方式告诉他某样东西很危险。你一定有办法让他知道，你洗衣服时取下来的戒指不是给他玩的。

你注意到了吗？一开始，你可以帮助孩子学会什么东西是可以碰的，什么是不可以碰的。要做到这一点，你必须先明白什么不能碰，为什么不能碰。其次，你要在现场，作为一个预防者，而非纠正者。此外，妈妈要有意识地提供一些孩子喜欢抓握、咀嚼的东西，让他更安全地玩耍。

还有，我们可以从技能的角度讨论所见到的事情。孩子学会伸手、找东西、抓握、将东西塞进嘴里，看到六个月大的婴儿能完成整个流程时，我都会为此惊讶。而十四月龄的宝宝兴趣广泛得多，我们很难像对十月龄的宝宝那样清晰观察。

但我认为，通过观察孩子，我们学到最宝贵的结论就是：孩子不只是一具躯体，更是一个活生生的人。

处在不同年龄阶段的孩子会发展出不同的技能，将这些记录下来非常有趣。除了技能之外，值得记录的还有游戏。通过游戏，孩子在体内开发出一些东西，可以称之为游戏素材。那是一个充满想象力、充满活力的内部世界，同时能在游戏中表现出来。

婴儿充满想象力的生活丰富了身体体验，也能反过来因身体体验而丰富。谁能知道这一过程始于什么时候？三月龄的孩子在吃奶时，就可能想把手指放在妈妈的乳房上，玩喂妈妈吃奶的游戏。再早几周呢？谁能说得准？给新生儿喂奶时（包括母乳喂养和人工喂养），他可能同时想要吮吸拳头或手指，简直是鱼和熊掌想要兼得。这说明，除了填饱肚子的需求，新生儿也还有其他需求。

那么，我写这些内容是给谁看的呢？从一开始，妈妈就能毫不困难地将自己的宝宝看作一个人。但总有人说，半岁之前的宝宝不过是一具躯体和一些本能反应。千万不要被这种话吓到，好吗？

妈妈可以尽情享受发现宝宝生而为"人"的过程，宝宝也很需要你这么做。所以，妈妈不要着急、不要慌乱，而要耐心地等待孩子的玩心上来。玩乐的欲望恰恰表明了孩子内心的个人世界的存在。如果妈妈恰好也愿意配合玩耍，孩子内在的丰富性就会绽放出来。母婴共同玩耍，就是母婴关系中最美好的一部分。

第十二章
断奶

现在，你应该很了解我了，我不会告诉你应该在什么时间、用什么方式断奶。断奶的好方法远不止一种，你完全可以从保健人员或诊所那里得到建议。我想从更具普遍性意义的视角谈谈断奶的问题，帮你了解自己采用的方法，不论你究竟选了什么样的方法。

事实上，大多数妈妈都没有在断奶上遇到什么困难，为什么呢？

主要是前期的哺乳过程进展顺利，孩子真的有东西要"断"。谁能让人"断"掉本来就没拥有过的东西呢？

我清楚地记得小时候的一次美妙经历。当时，大人允许我尽情享用覆盆子和奶油，能吃多少吃多少。太美好了！现在的我从这段记忆中得到的快乐，远远多过吃覆盆子本身。或许，你也有类似这样的记忆？

所以，断奶的基础是良好的哺乳体验。一般而言，哺乳期如果是九个月，孩子吃奶的次数足足超过一千次，这给他提供了很多美妙的记忆，以及做美梦的素材。但是，关键不在于哺乳的次数,而在于母婴之间的相处方式。就像我常说的那样,正是妈妈对婴儿的需求敏感而及时地满足,开启了孩子的想法,让他相信世界的美好。只有世界向婴儿敞开怀抱,婴儿才会回之以拥抱。一开始,妈妈主动与宝宝合作,自然而然地会让宝宝也愿意与妈妈合作。

如果你和我一样相信刚出生的宝宝也有自己的想法,那你就会知道,打断安宁的睡眠或清醒的沉思时,哺乳会让他感觉很糟糕。此外,孩子的本能需求往往很猛烈、很吓人。最初,在婴儿看来,这些需求甚至对自己的存在产生了威胁。饥饿的感觉就像是自己被狼附身了一样。

九个月后,孩子已经适应了这些问题,哪怕在本能需求占据上风的时候,也能保持镇定。婴儿甚至能渐渐认识到,冲动其实是一个人的重要组成部分。

当我们观察婴儿如何一步步成长为人时,同时也能看到,妈妈在安静的时候如何渐渐被婴儿看作一个人,一个充满魅力、极具价值的人。因此,当婴儿发现,自己在饥饿时无情攻击的就是妈妈时,那种感觉多么糟糕呀!难怪婴儿常常食欲不振。也正是因此,有些婴儿不认可乳房是妈妈的一部分,而要将二者分开。他们深深爱着完整而美丽的妈妈,而乳房则被视为他们激动时攻击的对象。

成年人一旦激动起来,很难平静放手,这会造成许多痛苦,也造成了许多婚姻悲剧。在这方面和其他许多方面,事情最终能否走上健康的轨道,取决于是否有这样一位平凡的好妈妈,帮助婴儿顺利度过整个婴儿期。这样的妈妈不害怕孩子的各种想法，并且当孩子烦躁地冲自己扑过来时也乐在其中。

或许，现在你明白了，为什么比起人工喂养，母乳喂养能给母婴双方带来更丰富的体验。当然了，人工喂养也能完成一切程序，甚至对婴儿来说更容易接受，因为人工喂养没那么容易令人兴奋。但是，母乳喂养的顺利进行和成功结束，能为生命打下良好的基础，给人带来丰富的梦想，让人有能力应对风险。

然而，俗话说，天下无不散之筵席，一切美好事物都会终结，而终结本身也是构成美好的一部分。

上一章描述了一个抓勺子的婴儿，他抓住勺子，放进嘴里，愉快地玩着它，然后把它丢掉。所以，"终结"这个概念可能从婴儿时就开始建构了。

很明显，七八个月大的婴儿已经开始玩扔东西的游戏了。这是一个很重要的游戏，可有时也很气人，因为孩子不停地扔东西，总得有人去捡回来。哪怕是在大街上，当你从商店里出来时，也常常发现，孩子已经把一个泰迪熊、两只手套、一个枕头、三个土豆和一块肥皂从推车里扔出来了。也许你会发现，有人正四处捡这些东西，因为孩子显然希望这样。

九个月大的婴儿大多都会扔东西，甚至可以自行断奶。

断奶的真正目的是利用宝宝不断发展的扔东西的能力，让他逐渐习惯放弃乳房这件事。

但是，我们必须要问这样一个问题，为什么孩子要断奶？为什么不能一直吃下去？好吧，我得说，永不断奶未免太感情用事了，而且也不太现实。断奶的决心必须来自母亲，她要足够勇敢，能够应对孩子的愤怒以及随之而来的可怕想法，为美好的哺乳时光画上一个圆满的句号。毫无疑问，哺乳期顺利的孩子，更愿意在合适的时候断奶，尤其是因为断奶的过程伴随着体验领域的不断扩展。

通常而言，断奶的时机到来之前，妈妈就已经给孩子引入辅食了。你会喂他一些固体食物（如面包干之类），让孩子学会咀嚼。此外，你也会提供一些浓汤之类的食物替代一部分母乳。你可能发现，孩子会拒绝一切陌生食物，不过，只要你耐心等待，多次尝试，孩子最终可能就会接受这些新奇的食物。一般来说，不要从纯母乳喂养直接断奶。如果因为疾病或其他不得已的情况，不得不选择突然断奶，就会出现很多麻烦。

如果你知道断奶的反应会很复杂，那就自然会避免在断奶时将宝宝交给其他人照料。如果在断奶的时候，正好赶上你们搬家或去亲戚家里小住，那就有些遗憾了。如果你能为断奶提供一个稳定的环境，这一体验将有助于孩子的成长。如果无法提供，断奶可能意味着麻烦的开始。

另外，你可能发现，在断奶期，孩子白天还好好的，到了晚上就开始闹腾了，以至必须吃上夜奶才能入睡。你瞧，孩子正在成长，但成长的道路并非一帆风顺、毫无波折。如果孩子的举止符合这个年龄的特征，或者偶尔超越了自己的年龄，你一定会很高兴。但是，他时不时也会倒退回婴儿状态，甚至变回那个小小的婴儿。这时，妈妈一定要能够适应这些变化。

你的"大男孩"可能会全副武装，号令随从，勇敢地与敌人作战。可是就在他站起身来时，一不小心头撞到了桌子，这一瞬间，他变回了婴儿，头靠在你的腿上啜泣不已。你一定能预料到类似情境的发生，你也会知道，一岁的孩子有时会表现得仿佛半岁的婴儿。知道宝宝在某些时刻会表现为多大的孩子，这是妈妈育儿工作中的一部分。

所以，你可能会先在白天给孩子断奶，晚上仍然母乳喂养。但或早或晚，孩子还是会彻底断奶的，如果母亲打定了主意，宝宝断奶就不会太难。反过来说，如果母亲都不坚定，断奶的过程就会很艰难。

现在，我们来看看，当你鼓足勇气，决心给孩子断奶时，会遇到什么样的反应。正如前文所说，孩子有可能会自行断奶，丝毫不给妈妈带来任何麻烦，在这种情况下，你只需要关心孩子对食物的兴趣是否会减弱。

更常见的情况下，妈妈会在稳定的环境中，逐步给孩子断奶，这通常也不会特别麻烦。婴儿显然很喜欢这一新的体验。但是，我希望你不要认为宝宝出现严重的断奶反应是异乎寻常的事情。有些孩子在母乳喂养过程中表现良好，断奶时却出现厌食、痛苦地拒绝进食等表现，或者通过烦躁哭闹来索求母乳。在这一阶段，强迫孩子吃东西是有害的。在宝宝眼中，此刻的一切都变得很糟糕，而你无法回避这种感受，只能等待，等待宝宝逐渐恢复正常饮食。

宝宝也可能尖叫着惊醒，你只需要安抚他，帮他慢慢清醒过来。有可能断奶过程一切顺利,你却发现孩子变得很悲伤,哭声中出现了新的音调,这种音调也许还会转变为音符。这种悲伤不一定是坏事。如果孩子伤心了,不一定必须将他抱起来摇摇晃晃,哄到他笑出来为止。悲伤一定是有理由的,你可以等待这种情绪结束。

孩子有时会感到悲伤,比如在断奶期,因为原本美好的东西被破坏了,新的环境让他愤怒。在孩子的梦中,乳房不再美好,常常承载着怨气,所以变成了坏东西,甚至是危险的东西。这也是为什么童话故事中会出现送毒苹果的巫婆。对刚断奶的婴儿来说,好妈妈的乳房变坏了,所以需要一段时间来恢复和调整。但是,平凡的好妈妈不会逃避。她早就习惯了,每天都会当几分钟坏妈妈,过不了多久,孩子又会觉得她是好妈妈了。等孩子长大了,真正了解了妈妈真实的模样,就会发现,她既不是自己理想中的完美妈妈,也不是坏巫婆。

所以,从广义上来看,断奶不仅仅是让婴儿吃其他食物、使用杯子或者自己用手抓饭吃,还包含了渐进的"幻灭"(disillusionment)过程,后者正是父母任务的一部分。

平凡的好父母不需要孩子的崇拜。他们忍受着孩子的两极化,一会儿被理想化,一会儿又被怨恨。他们期望着终有一天,孩子能将自己看作平凡的人类,这才是父母真正的模样。

第十三章
再谈"将孩子看作一个人"

人类的发展是一个连续的过程,主要表现在身体的发育、人格的完善和人际交往能力的发展上。错过或破坏任何一个发展阶段,都会产生不良后果。

健康指的是成熟,与年龄相称的成熟。如果说,我们这种说法忽略了某些偶发疾病,那也只可能是在身体层面。从心理学层面讲,健康和成熟就应该是同一回事。换句话说,在人类的情感发展中,没有受到干扰或扭曲,就会是健康的。

如果我没说错,这意味着父母对婴儿的照顾不仅能给双方带来快乐,同时也是必不可少的事情。否则,婴儿就不太可能成长为健康、有价值的成年人。

从身体层面来讲,我们在养育过程中可能会犯一些错误,甚至导致孩子罹患佝偻病或弓形腿。然而,从心理层面来讲,如果孩子被剥夺了一些普通却必要的事情,比如亲密的身体接触,那么,在一定程度上,他的情感发展必然受到干扰,以至在成长过程中出现一些个人化的问题。另一方面,孩子在成长过程中,历经了一个又一个复杂的内在发展阶段,最终获得人际交往能力。

此时，父母就会知道，用心的养护没有白费。对我们每个人而言，父母的精心养护都意义重大。每一个成熟、健康的成年人都该知道，我们生命中的良好开端，是由某个人提供的。我想要描述的就是这一良好的开端，即儿童养育的基础。

人生故事并非从五岁、两岁或六个月开始，而是始自出生——如果你愿意接受的话，也可以说是从出生之前就开始了。每个婴儿从一开始就是一个人，需要被其他人了解，当然，没有人能比妈妈更了解自己的孩子。

上面的论断非常重要，那么，接下来该讨论些什么呢？心理学能告诉人们如何当父母吗？我认为不能。相反，我们应该好好研究父母自然而然的行为，并为其揭示这样做背后的原因，从而让他们更具信心。

接下来，我会举个例子来说明问题。

我要说的是一个妈妈和女儿的故事。妈妈抱起女儿时，会怎么做呢？她会抓着孩子的脚从婴儿车里拖出来，再抛到空中吗？她会一手夹着烟，一手抓着女儿吗？不，她绝不会这么做。我想，在接近女儿之前，妈妈通常会发出某种信号，伸出双臂搂住女儿，再稳稳将其抱起。事实上，在抱起孩子之前，妈妈会先唤起宝宝的注意和配合，然后才会将她抱离原地。抱起孩子的时候，妈妈会让宝宝紧紧贴在自己胸前，头依偎在自己颈侧，正是这样的举动才让宝宝觉得自己是一个人。

还有一个妈妈和儿子的故事。她会怎么给孩子洗澡呢？妈妈会将孩子扔进洗衣机，让清洁过程自动完成吗？当然不会。妈妈知道，洗澡对自己和孩子来说都是一个特殊时刻，应该做好准备去享受这一过程。她会做好十足的准备，用手肘试好水温，注意不要让抹了沐浴露的宝宝从怀里跌落。而最重要的是，妈妈能让洗澡成为一种享受，不但丰富了母婴双方的成长体验，也丰富了不断发展的母婴关系。

妈妈为什么愿意为孩子承担这么多麻烦？我们能不能简单而不带感情色彩地说，都是因为爱？因为她内心油然而生的母性？因为她的全情投入使之对孩子的需求有着深刻的理解？

让我们回到妈妈抱孩子这件事上来。我们能不能说，妈妈没有刻意作为，只是做了自己在不同阶段应该做的事情？通过以下方式，小女孩才愿意被妈妈抱起来：

（1）抱之前给孩子信号；

（2）获得孩子的合作；

（3）将孩子抱起来；

（4）带她从一个地方到另一个地方，目标简单明了，让孩子能够理解。

另外，妈妈还要尽量避免用冰凉的手去触碰孩子，也不要在换尿布时扎到孩子，以免孩子受到惊吓。

妈妈不要让孩子卷入自己的个人体验和感受中。有时候，孩子会尖声叫嚷，而妈妈仍然需要小心地抱起她，丝毫没有（或尽可能没有）表现出报复的意思。母亲不能让孩子成为自己冲动的受害者。养育婴儿就像行医一样，是对人的可靠性的考验。

今天可能祸不单行，糟糕透顶。洗衣清单还没列好，洗衣工人就来电话催了，就在此时，前门和后门的门铃又同时响起。这时候，妈妈要稍微冷静片刻，等自己平静下来再去抱孩子，就像往常一样温柔平和，这也是婴儿逐渐认识妈妈的一个重要原因。妈妈的技能是高度个性化的，是孩子寻找和辨别她的重要标志，就像她的嘴、眼睛、肤色和气味一样。母亲在自己的私人生活中一遍又一遍地处理自己的情绪、焦虑和兴奋，为婴儿保留独属于孩子的那一部分自己。人类的婴儿就是以此为基础，开始理解极端复杂的母婴关系的。

我们当然可以说，为了适应婴儿的需要，母亲一直在积极地调整自我，以便孩子能更好地理解自己。这种积极的适应正是婴儿情感发展所必需的，尤其是在一开始的时候，因为初生的孩子只能接受最简单的东西。

虽然篇幅有限，但我仍尝试简要解释为什么母亲甘心承担这么多的麻烦。这样解释的原因之一是，有些人真的相信并且告诉大家，孩子六个月之前，妈妈根本不重要。他们认为，在前六个月，哺乳方法才是最重要的。而这种方法，完全可以由训练有素的护理人员在家或医院里完成。

在我看来，尽管育儿方法可以在课堂或书本上学习，但养育自己的孩子完全是个人化的，这项工作无人能代替，也无人能做得比妈妈更好。科学家们必须先找到证据，才能真正相信这一论断。而妈妈们一开始就相信宝宝需要自己。我不妨补充一句，这个观点不是基于妈妈的陈述，也不是凭空猜测或仅靠直觉，它是我通过长期研究得出的结论。

母亲之所以能承担这些麻烦，是因为她觉得（而我认为这种感觉是正确的），孩子要想得到健康、充分的发展，一开始就应该有专人养育。只要有可能，这个人就应该是婴儿的亲生母亲，也就是那个怀胎十月的人，那个对孩子的看法充满浓厚兴趣，愿意成为孩子的整个世界的人。

不过，这并不意味着刚出生几周的婴儿，能像半岁或一岁的孩子那样认识自己的妈妈。在出生的头几天里，婴儿只能感知到妈妈的养育模式和技巧，以及乳头的细节、耳朵的形状、微笑的样子、呼吸的温度和气味。婴儿在很小的时候，可能在某些特定时刻对妈妈的完整性有一种模糊的概念。然而，除了这些感知以外，婴儿还需要妈妈作为一个完整的人随时出现在自己身边，因为只有一个完整而成熟的人才具备育儿任务所需的爱与特性。

我曾经冒着风险说："世上没有婴儿是单独存在的。"也就是说，如果要描述一个婴儿，我们描述的是一个与别人在一起的婴儿。婴儿是无法单独存在的，从本质上讲，他是某种关系的一个有机组成部分。

所以，妈妈也必须被考虑在内。如果她和孩子的关系中断了，就会失去一些东西，而这种失去是无可挽回的。但是，人们对母亲这一角色的理解太有限了，以至误认为将孩子带离母亲几周，然后再还回来，母婴之间就能立即"再续前缘"。

下面，我想讲一讲孩子需要什么样的母亲。

首先，我想说的是，宝宝需要的妈妈是一个活生生的人。宝宝需要感觉到妈妈皮肤和呼吸的温度，必须能尝到她、看到她——这一点至关重要。孩子必须能全面接触妈妈活生生的身体。没有妈妈的存在，学再多育儿知识也是浪费。这和行医是一样的道理，某个村庄里的全科大夫最重要的是他就在那里，能够给人看病。村里人知道他的车牌号码，能认出他戴着帽子的背影。学医耗费多年，可能花掉了他父亲的全部积蓄，但最终真正重要的可能不是医生的学识和技能，而是全村人知道并能够感觉到，他活生生地存在着，并且能够给大家看病。也就是说，医生的存在满足了村民的情感需求，妈妈的存在也是如此，对孩子的重要性更是有过之而无不及。

这样一来，对孩子的心理和生理养育就结合起来了。在第二次世界大战期间，我曾经和一群人讨论过受到战争伤害的欧洲孩子未来如何。他们问我："战争结束之后，哪些心理干预对这些孩子来说是最重要的？"当时的我答道："给他们食物。"有人说："我们问的是心理干预，不是生理干预。"但我认为，在孩子挨饿的时候给他们食物，就是对心理需要的满足。从最基本的层面来说，满足生理需求是爱的表现。

当然，如果身体上的照顾是指给孩子打疫苗，那就和心理没什么关系了。你担心天花的社区感染，所以带孩子去打疫苗，他可无法理解这码事——毫无疑问，医生扎破他的皮肤的时候，他会哇哇大哭。然而，如果身体上的照顾是指在合适的时间以合适的温度给孩子提供合适的食物（我的意思是，从孩子的角度来看），那么，这也是一种心理上的养育。我认为，下面这个原则非常实用：只要是孩子能够接受的照料，就能同时满足心理和情感需求，不管它看起来具备多么纯粹的生理性。

从这个角度来说，妈妈的鲜活存在和生理照料，为孩子提供了不可或缺的心理和情感环境，这一环境对孩子的早期情感发展至关重要。

其次，孩子需要的妈妈是一个能向他介绍世界的人。通过妈妈或其他照料者，孩子开始初步认识外部现实，接受周遭世界。这件困难的事情将贯穿人的一生，但在生命之初，婴儿特别需要帮助。我会谨慎地解释我的意思，因为许多母亲可能从未从这个角度看待喂养问题；当然，医生和护士更不会考虑了。这就是我想表达的意思。

想象一下，一个从未进过食的婴儿感到饥饿时，会开始在脑海中想象，出于本能，他要创造出一种让自己满足的东西。但是，由于完全没有经验，他根本不知道应该期待些什么。就在婴儿期待某种东西的时候，如果母亲的乳房适时出现，有足够的时间让婴儿用嘴、手或嗅觉去感受，那么，可以说孩子就此"创造"出了刚才正在寻找的东西。最终，孩子会产生这样一种错觉，认为真实存在的乳房是由自己的需求、贪婪和原始的爱的冲动而创造出来的。婴儿会将乳房的样子、气味和味道牢记于心，用不了多久，他就能在脑中创造出类似妈妈乳房的东西。断奶之前，孩子有上千次吃奶的经验，也正是这个女人——妈妈以这种特殊的方式帮他接触外部现实世界的。在这上千次体验中，婴儿始终有一种感觉，认为自己想要的东西都能创造出来，而且会存在于触手可及的地方。由此，婴儿会发展出一种信念，即这个世界能够满足自己的所有需求,所以,他希望内在现实和外在现实之间、内在的原始创造力与人类共享的大千世界之间,存在着一种鲜活而密切的关系。

因此,成功的婴儿喂养是婴儿养育中的重要部分。同样,婴儿需要妈妈接受他的排泄方式,但这一点我暂时不打算在此展开。婴儿需要妈妈接纳母婴关系,表现为需要妈妈接纳他的排泄方式。早在婴儿有意识地做出努力之前,在婴儿开始因内疚而想补偿妈妈之前(可能在三到六个月大的时候),母婴关系就开始了。而此时的内疚,是因贪婪地攻击母亲而产生的。

第三,我还想强调一点,这一切都只需要妈妈一个人就能完成,不需要一个优秀的护理团队。我将妈妈的这项工作称为"幻灭"的过程。妈妈会给孩子一种错觉,误以为世界是由他的需求和想象所创造出来的(当然,从某种意义上说这是不可能的,但这个问题可以留给哲学家去讨论),当她建立起被我描述为健康发展基础的事物和人的信念时,她将不得不带着孩子经历幻灭的过程,这是一种广义上的断奶。对孩子来说,最接近现实的是,成年人希望将现实的要求变得可以忍受,直到幻想完全破灭,直到创造力通过成熟的技能发展成为对社会的真正贡献。

在我看来,"囚室的暗影"[1]是诗人对幻灭过程及其痛苦的描述。渐渐地,母亲使孩子能够接受,尽管世界提供了一些我们需

---

[1] 出自诗人华兹华斯的《不朽颂:忆幼年而悟不朽》(*Ode: Intimations of Immortality*),"囚室的暗影将笼罩我的余生"。——译者注

要和想要的东西，尽管有些东西可以因此被创造出来，但这一切不会自动这样出现，也不会因为人们的情绪或愿望而自动实现。

你有没有注意到，我渐渐将"需求"这一概念，替换成了"愿望"或"欲望"？这种变化表明孩子在慢慢长大，逐渐接受外在现实，慢慢减弱本能的需求。

为了便于照顾孩子，妈妈一开始几乎像是把自己装进了孩子的口袋里。孩子最终能摆脱属于早期阶段的依赖，能够接受两种想法（也就是妈妈的想法和宝宝的想法）共存的现状。然而，除非妈妈一开始能够成为孩子的整个世界，否则，就很难将孩子从自己身上剥离开来（通过断奶、幻灭等过程）。

我的意思并不是说，如果母乳喂养不成功，孩子的一生就完蛋了。当然，娴熟的人工喂养也能让孩子在生理上茁壮成长，奶水不足的妈妈通过奶粉的帮助，也能满足孩子绝大部分的需求。然而，我们的原则是，婴儿最初的情感发展只能建立在与一个人的良好关系上。在理想状态下，这个人应该是母亲。除了母亲，谁还能感受到孩子的需求，同时迅速满足他的需求呢？

第十四章
孩子的天赋道德

有一个问题早晚会浮出水面,那就是:父母应该在多大程度上将自己的标准和信念强加给成长中的孩子?通俗地讲,我们要说的是"训练"。说到训练,就引出了我接下来要讲的话题,那就是如何让孩子变得乖巧、干净、善良、听话、善于交际、品行端正等。我本来还想加上"快乐",但快乐不是教出来的。

在我看来,"训练"这个词总像是跟养狗有关。狗确实需要训练。而我觉得,我们确实能从狗身上学到一些东西,比如,如果主人有主见,那养的狗也会比较快乐。孩子也是如此,他们也希望父母有主见。但是,狗不会长大成人,所以在讨论宝宝时,我们必须从头开始,而最好的办法是看看我们可以在多大程度上将"训练"这个词去掉。

有人认为,就像其他问题一样,只要条件成熟,婴儿和儿童自然而然就会形成善恶观念。但其实没有这么简单,从原始冲动、无法无天到循规蹈矩、适应环境,这是一个相当复杂的过程。我无法描述其复杂程度,只能说这样的发展需要时间。只有当你觉得某件事情值得一做,才会创造条件促使其发生。

在这里，我讨论的仍然是婴儿，但要想用婴儿的术语来描述最初几个月里发生的事情谈何容易。为了便于理解，我举一个五六岁的小男孩画画的例子。我会假设他对正在发生的事情心知肚明，但实际上他不能做到这一点。小男孩正在画画，怎么画呢？首先，他要有乱写乱画的冲动，但这不足以构成绘画。在保有绘画冲动的同时，他还得有想要表达的观点，而且还希望自己表达的方式能得到别人的理解。如果他真的可以完成一幅画，那就说明他找到了一系列令他满意的控制点。首先，他要选择一张尺寸、形状合适的画纸。接下来，他要把从练习中得到的技巧发挥出来。然后，他知道画好的时候必须要有平衡——你知道，房子两边都要有树——这是他需要的，也可能是从父母那里得到的公平的表达。画面上的兴趣点必须平衡，灯光、阴影和配色方案也必须平衡。这幅画的趣味性必须在整张纸上传播开来，但必须有一个中心主题将所有内容联系在一起。在这个公认的、实际上是自我强加的控制系统中，他试图表达一个想法，并保持想法诞生时的一些新鲜感。描述这个过程几乎让我喘不过气来，但如果你给他们一点机会，你的孩子就能很自然地做到。

当然，正如我前面所说，这个小男孩不知道事情发生的经过，所以他无法用语言描述出来。婴儿更是如此，他们不知道自己的内心在发生什么。

婴儿和这个小男孩很像，只不过，婴儿一开始的表达更难懂。画作实际上并没有完成，事实上，那根本也算不上什么画作，这点对社会的小小贡献如此微妙，只有敏锐的妈妈才能够欣赏。婴儿的一个微笑就能盖过妈妈的千辛万苦,一个笨拙的手势、吮吸的声音就能让妈妈知道他饿了。有时候,一声轻轻的呜咽就能让敏感的妈妈发现,孩子要排泄了,如果妈妈没能及时到场,就会面临难以收拾的情况。这是合作和社会意识的开端,值得大人克服这一过程中的所有麻烦。很多孩子在已经学会夜里起床小便的情况下,还会持续几年断断续续尿床,这是因为他们会在夜晚重回婴儿期,重温小时候的经历,试图寻找并弥补一些失去了的东西。在这种情况下,失去的东西是指妈妈的敏感度,即婴儿时期,妈妈能够敏锐地注意到宝宝发出的兴奋或痛苦信号。因为只有在妈妈足够敏感的情况下,才能及时做出正确的反应,毕竟妈妈是唯一从头到尾参与这一过程的人。

婴儿需要将自己的生理体验与母爱联系起来,他也需要用这种关系去对抗自己的恐惧。从本质上说,这种恐惧是原始的,基于他对残酷报复的预期。婴儿兴奋时会产生侵略、破坏性的冲动或念头,表现为尖叫、咬人,好像整个世界都充满了恶毒的尖牙利齿、充满仇恨的爪子以及形形色色的威胁。所以如果没有妈妈的保护,如果妈妈没有及时消除婴儿生活早期的恐惧感,那么,婴儿的世界就会充满恐惧。妈妈(当然,也不要忘了爸爸)以人的面貌出现,改变了婴儿恐惧的性质,让他逐渐能够将妈妈和其他人都当作人看待。这样一来,世界就不再是一个充满报复色彩的神奇所在,婴儿得到了理解孩子的妈妈,能对孩子的冲动做出反应的妈妈,也是可能受到伤害或生气的妈妈。当我这样说的时候,你会立刻意识到,报复的力量是否人性化,对婴儿来说有着巨大的影响。首先，母亲要知道，实际破坏和破坏意图之间的区别。妈妈被孩子咬了，会发出"哎呀"的痛呼声。但是，她不会觉得婴儿想吃掉自己，所以也不会感到不安。事实上，她觉得这是一种恭维，是婴儿表现兴奋的爱的方式。当然，妈妈也没那么容易被吃掉，她说"哎呀"，只是因为觉得有点疼而已。婴儿可能会伤害乳房，特别是如果出牙太早的话。但妈妈不会因此而死，从而让婴儿在心理上获得安慰。你也可以给婴儿一些比较硬的、不容易咬坏的东西，比如拨浪鼓或磨牙环，让孩子咬个够，因为啃咬东西是婴儿的一种放松方式。

在生命的早期阶段，适应性或良好的环境因素作为一种自身素质，逐渐在婴儿经验的宝库中形成。而且，一开始，婴儿很难将其与自身的健康状态区分开来。随着婴儿逐渐有意识地发现环境的变化无常，良好经验的储存就成了一个与意识无关的过程。

有两种方式可以让孩子了解清洁和道德的标准，随后再慢慢懂得宗教信仰和政治信仰。第一种方式是父母将这些标准与信仰灌输给孩子，迫使孩子接受，丝毫不考虑将其整合进孩子正在发展的人格中。可悲的是，许多孩子的确只接受过这种方式，以至人格发展并不令人满意。

第二种方式是允许并鼓励孩子内在道德倾向的自然发展。作为母爱的表现形式，妈妈的敏感使婴儿个人道德意识的根基得以保存下来。我们能看到孩子不愿意放过任何一次体验的机会。如果等待能给人际关系带来温暖，孩子就愿意等待，不会因原始乐趣得不到满足而感到遗憾。我们也看到了，妈妈能为孩子的日常活动和暴力行为提供一个爱的框架。在整合过程中，攻击和破坏的冲动与给予和分享的冲动相互关联，相互抵消彼此的影响。可是，强制性的训练，无法利用孩子的这个整合过程。

我描述的实际上是孩子逐渐形成的责任感，其基础是内疚感。这里的环境要素是母亲或类似母亲的人物在一段时间内的持续存在，从而使孩子能够容忍自己性格中的破坏性成分。这种破坏性越来越成为客体关系体验中的特征之一。我所指的发展阶段是从六个月持续到两岁，之后孩子可能已经将"破坏"某个客体的想法，与"爱"同一个客体的事实完美融合。在这段时间里，孩子特别需要母亲，需要她的持续存在。母亲既是环境，也是客体，一个令孩子热爱的客体。孩子逐渐将母亲的这两方面结合起来，可以在爱妈妈的同时，向妈妈发泄情绪。这会让孩子陷入一种独特的焦虑，那就是内疚感。随着时间的推移，孩子慢慢能够容忍源自本能体验中破坏因素的焦虑或内疚，因为他知道，将来总有机会进行修复和重建。

与父母强加的标准相比，这种平衡能给孩子带来更深刻的是非观念，这得益于妈妈用爱给孩子提供了稳定的环境。我们可以看到，如果妈妈不得不离开自己的孩子，或者妈妈生病了，又或是忧心忡忡，那么，孩子很容易对稳定环境失去信心，同时逐渐失去感到内疚的能力。

如果愿意的话，我们可以这样想象，孩子的心里住着这样一个好妈妈，她觉得在人际关系的轨道上获得任何经验都是一种快乐的成就。当这种情况开始发生时，母亲自身的敏感性可能会变得不那么强烈。同时，她可以开始加强和丰富孩子的道德发展。

这样一来，文明再次在一个新的人类心里扎根了。父母应该为他们的孩子提前准备一些道德准则，以备孩子在多年之后开始探索。这样做的功能之一是使孩子本身极度严苛的道德观念变得人性化，他们的服从以牺牲个人生活方式为代价，对此，孩子深感憎恨。严苛的道德观走向人性化是一件好事，但不能将前者彻底扼杀。父母过分重视和平与安宁，这是可以理解的。顺从的确能带来立竿见影的回报，所以成年人很容易把顺从误认为是成长。

第十五章
本能与正常的困难

当谈到疾病时，许多演讲和书籍带有相当的误导性。孩子生病，母亲最需要的是一位能够为孩子查体看病、与母亲讨论病情的医生。但是，普通健康儿童的常见问题则与之不同。我认为，如果有人告诉母亲，不能指望目前健康的孩子就理应一帆风顺、无忧无虑地成长，母亲反而会觉得很有帮助。

毫无疑问，即便是健康的孩子，也会出现形形色色的症状。

究竟是什么给婴幼儿期的孩子带来了这些麻烦？如果你的护理技术十分娴熟且稳定，那么可以说，你已经为这个新的社会成员的健康打下了坚实的基础。可是，为什么孩子还是会出问题呢？我认为，答案主要与本能有关。接下来，我会讲解这个问题。

假设在你乐于看到的某个安宁的时刻，你的孩子静静地躺在那里睡觉，或抱着什么东西，或自己在玩耍。但你很清楚，在健康状态下，孩子会反复感到兴奋。你可以说，孩子饿了，身体有需要了，或者本能使然。或者你从另一个角度来看，说孩子开始有了令人兴奋的想法。这些令人兴奋的经历对孩子的发展起着非常重要的作用，促进了他的成长，也使成长变得更复杂。

在兴奋时，孩子有强烈的需求。通常你能够满足他们的这些需求。然而，在某些时刻，需求确实非常巨大，无法完全满足。

现在，一部分需求（例如饥饿）已经得到普遍认可，并且很容易引起妈妈的注意。然而，还有很多其他类型的兴奋，其本质还没有被广泛理解。

事实上，身体的任何部位都可能在某个时刻兴奋起来。比如皮肤，你一定见过孩子挠自己的脸或其他部位，也一定见过皮肤自身兴奋起来，引发疹子。某些部位的皮肤会比其他部位的更敏感，特别是在某些特定时期。你不妨想想孩子的身体，想想不同部位的兴奋方式。伴随着身体的兴奋，兴奋的想法也会随之出现。如果我说，在婴儿发育良好的情况下，这些兴奋的想法不仅与快乐有关，也与爱有关，你一定不会惊讶。随着时间的推移，婴儿逐渐成为一个有能力爱别人的人，也能感受到来自别人的爱。婴儿与父母、周围的其他人之间有一种非常紧密的联系，那些兴奋就与这种爱有关，而这种爱也会周期性地以身体兴奋的某些形式变得异常强烈。

与原始的爱的冲动相伴的想法，大都具有强烈的破坏性，而且几乎都与愤怒有关。不过，如果这种活动能带来本能的满足，那么婴儿的感觉会很好。

很容易看到，在这些时期，不可避免会产生巨大的挫折，从而导致孩子生气，甚至狂怒。所以，如果你时不时看到一幅愤怒的画面，你不会觉得孩子生病了，因为你已经学会了区分愤怒、悲伤、恐惧和痛苦。狂怒时，婴儿的心跳速度比以往任何时候都要快。事实上，如果仔细去听，你会发现他的心率能达到每分钟220下。愤怒意味着孩子已经发展到一定阶段，相信自己可以对某些事、某些人生气了。

现在，每当孩子的情绪得到充分体验时，就意味着要承担某种风险，而这些兴奋和狂怒的体验通常相当痛苦。所以你会发现，非常正常的孩子会设法回避特别强烈的情感。其中一个方法就是抑制本能——比如说，婴儿开始无法将吃奶的兴奋完全表现出来。另一个方法是挑食，或者拒绝母乳，只吃别人喂的食物。如果你认识的孩子足够多，就会发现种种不同。这并不意味着孩子生病了，而是说明他们正在寻找各种方式去管理让自己无法忍受的情绪。他们不得不回避一定程度的自然感觉，因为它们过于强烈，或者完整体验它们会带来痛苦的挣扎。

喂养困难在正常孩子身上十分常见，妈妈时常不得不承受几个月乃至几年的失望。在这段时间里，妈妈的厨艺完全浪费了。有些孩子只肯重复吃几样食物，凡是专门为他准备的美食都会被无情拒绝。有时，妈妈不得不容忍孩子拒食相当一段时间，因为在这种情况下，迫使孩子吃饭只会招来更强烈的反抗。然而，如果妈妈能等一等，不把它当回事，过段时间，孩子又会开始正常吃饭了。不难想象，第一次经历这种情况的妈妈会有多忧虑，她需要医护人员反复保证，她没有忽略孩子，也没有伤害他。

婴儿会周期性表现出各种狂欢状态（不仅仅是进食的狂欢），这些狂欢非常自然，也非常重要。比如说，排泄过程就会让他们特别兴奋。

顺便一提，你会发现，孩子最初对"好"和"坏"的看法与大人并不一致。比如，粪便能给他带来兴奋和愉快，所以他觉得这是个好东西，甚至可以吃、可以抹在床上和墙上。这可能给你带来很多麻烦，但这很自然，不要太过在意。你可以心安理得地等待更文明的情感自然而然地出现。婴儿的厌恶感早晚会出现，甚至可能在一夜之间，一个曾经吃肥皂、喝洗澡水的婴儿忽然开始爱干净了。尽管几天前他还能拿着粪便玩，甚至将其塞进嘴里，现在却开始拒绝一切看起来有点像排泄物的食物。

有时，我们会看到年龄较大的孩子回到婴儿状态，这说明他们在成长之路上遇到了障碍。孩子需要回到婴儿期，重新行使婴儿的权利，重新建构自然发展的法则。

妈妈会观察到这些情况发生，当然，作为妈妈，她们在这一过程中也发挥了一定的作用。不过，妈妈宁愿看着孩子自然稳定地发展，也不应将自己的是非观念强加给孩子。

如果妈妈试图将是非观念强加给孩子，会带来的一个问题在于，它将被婴儿的本能完全摧毁。婴儿努力尝试通过顺从而获得爱，而兴奋的体验会瞬间将其瓦解。结果，婴儿不但没有变得更强大，反而因本能的操弄而变得更沮丧。

正常的孩子不用刻意压抑强大的本能感受，所以常常会受到本能干扰，这在无知的观察者眼中就成了不良症状。前文提过狂怒这种情绪，乱发脾气、不肯妥协在两三岁的孩子身上非常常见。幼儿常做噩梦，在半夜尖叫，甚至让不清楚情况的邻居感到纳闷、疑惑。实际上，他可能只是做了一个梦而已。

幼儿害怕狗、医生、黑暗，对黄昏时的声音、阴影和模糊形状展开联想；肚子痛、呕吐、兴奋得浑身发紫；在一两周内不搭理亲爱的爸爸，拒绝跟某个阿姨打招呼；想把新生的妹妹扔进垃圾桶，或者虐待猫咪以回避对新生儿的恨意……都不意味着他们生病了。

一个干干净净的孩子为什么眨眼间变得脏兮兮、湿漉漉的？妈妈能想到各种可能性。实际上，在二到五岁这段时间里，什么事情都可能发生。你可以将一切归结为本能的作用，归结于本能带来的奇妙体验，或者归结于孩子的幻想引发的痛苦冲突，毕竟所有身体反应都与想法有关。在此，我要补充一点，在这个关键时期，本能不再只是婴儿化的了。如果我们还继续用"好吃""乱拉屎撒尿"等描述婴儿的词来谈论这些现象，显然是不够的。一个三岁的健康孩子说"我爱你"时，其中的意义类似于相爱的恋人之间的表白。可以想象，其中有一股巨大的力量在起作用。你要做的就是保持家庭和睦，做好充分的心理准备。随着时间的推移，事情自然而然就会解决。孩子长到五六岁时，就会慢慢冷静下来，这种冷静会一直持续到青春期之前。在这几年里，妈妈可以轻松一下，将部分责任和任务交给学校，交给受过专业训练的老师。

第十六章
幼儿与他人

从一出生，婴儿的情感就开始发展。如果我们要评判一个人与周围人相处的方式，看看他人格和生活形成的方式，就不能忽略他生命中最初几年、几个月，甚至几周、几天发生的事情。处理成年人的问题时（如有关婚姻的问题），我们当然会面临许多后期产生的问题。然而，在研究任何一个个体时，我们不但要看他的现在，也要看其过去；不但要看成年时的情况，也要看婴儿期的经历。那些与性有关的感情和思想出现于很小的时候，远远早于我们的祖辈心目中的年龄底线。从某种意义上说，人类的所有关系从一开始就已经存在了。

孩子玩"过家家"时会发生什么呢？一方面，可以肯定，其中包含了性的成分，只是通常不那么明显。其中可能蕴含着许多成年人性行为的符号，但我目前关心的不是这些。从我们的观点来看，更重要的是，这些孩子在游戏中享受着某种东西，这种东西基于他们能认同父母的能力。显然，他们平时观察到了很多。人们可以在孩童游戏中看到，他们正在建造一个家，布置房子，共同照顾孩子。大人甚至可以维护孩子游戏的框架，从而让他们发现自己的自发性（因为如果完全放任孩子自己玩耍，他们可能会害怕自己的冲动）。我们知道，这些做法都是健康的。如果孩子们能像这样一起玩，以后就不需要教他们如何建造家园，因为他们已经知道了要点。换言之，如果人们从未玩过"过家家"，那么有可能教会他们如何建造一个家吗？我认为可能很难。

虽然我们很高兴看到孩子们能够这样享受游戏，这表明他们有能力认同家庭和父母，有成熟的观点和责任感，但是，我们并不希望孩子整天都在收获这些能力。事实上，如果他们这样做，会有些吓人。我们希望，下午玩游戏的孩子们到了茶点时间就很贪吃，在睡觉的时候相互嫉妒，第二天早上又变得淘气放肆——因为他们还是孩子。如果他们足够幸运，会拥有一个真正的家。在真正的家中，他们可以继续发现自己的自发性和个性，像一个讲故事的人一样，为自己突然冒出来的灵感而惊讶不已。在现实生活中，他们可以和自己的父母交流；而在游戏中，他们会轮流扮演父母的角色。我们很赞成孩子们玩这类"过家家"游戏，也很建议他们扮演老师和学生、医生、护士、病人、公共汽车司机和乘客等各类角色。

这些游戏都很健康。然而，当孩子们达到能玩游戏的阶段时，我们很容易理解，他们已经经历了许多复杂的发展过程，当然，这些过程还没有真正完成。如果说，孩子们需要一个普通的、好的家庭来获得认同感，同样，他们也非常需要一个稳定的家庭和稳定的情感环境，让他们可以有机会在早期阶段，按自己的节奏取得稳定和自然的进步。顺便说一句，父母没有必要了解孩子们心中发生的一切，正如他们没必要了解解剖学和生理学才能让孩子身体健康一样。然而，重要的是，父母必须有想象力，认识到父母的爱不仅仅是他们自身的本能，而且是孩子在成长过程中绝对需要的东西。

如果母亲认为，婴儿在出生之初只不过是一堆生理机能、解剖结构及条件反射的合成物，那么，即使母亲的用意是好的，也很难把孩子抚养好。毫无疑问，婴儿会得到很好的喂养，身体健康和成长可能没有问题，但除非母亲一开始就相信新生婴儿是一个人，否则孩子心理健康的基础很难建立。只有心理健康了，孩子在以后的生活中才能拥有丰富稳定的个性，不仅能够适应世界，而且能够成为需要适应的世界的一部分。

问题是，母亲会害怕自己肩上的重任，所以很容易就倾向于求助教科书和规章制度。但是只有母亲发自内心的照料才是最适合她的宝宝的。也许我应该说，育儿不能单靠大脑，妈妈还必须全身心投入。

提供食物只是母亲让婴儿了解自己的方式之一，但这是一个非常重要的方式。前文写过，如果孩子从一开始就得到了细心喂养、悉心照料，那么，对他而言，那个经典的哲学难题（出现在眼前的客体是真实的，还是虚幻的？）的答案就很容易出现了。客体是真实还是虚幻，对他来说没那么重要，因为他找到了一个愿意为他提供幻觉的母亲。妈妈始终如一地长期提供这种幻觉，从而尽可能减少孩子的想象和现实之间的鸿沟。

这样的孩子到了九月龄左右，就能与外界——他逐渐认识到这是他的母亲——建立一种良好的关系，这种关系能够经受住所有可能的挫折和困难，甚至是分离造成的失落感。如果婴儿被机械地、不敏感地喂养，没有人愿意积极地适应他的需求，那么他就处于极为不利的情境之中。如果这样的婴儿能够想象出一个忠诚的母亲，那么这样的母亲就必须保持虚拟的理想化形象。

很多母亲无法生活在婴儿的世界里，可婴儿必须生活在母亲的世界里。从肤浅的观察者角度来看，这样养育出来的孩子可能会取得很好的进步。也许直到青春期或更晚的时候，他才能做出适当的抗议，要么精神崩溃，要么只能通过叛逆而通向心理健康。

反之，那些积极适应环境的母亲，给了孩子一个接触世界的基础。不仅如此，她还丰富了孩子与世界的关系，随着时间的推移，随着孩子走向成熟，这种关系能结出丰硕的果实。婴儿与母亲最初的关系中，有一个重要部分不得不提，那就是强大的本能驱力。如果婴儿和母亲都能生存下去，这就告诉婴儿，本能的体验和兴奋的想法是可以存在的，它们不一定会破坏安宁的关系和友谊，也不一定会影响人们之间的分享。

然而，我们不应断定，每一个由专注的母亲精心喂养和管理的婴儿，都一定会发展出完全健康的心理。即使早期的成长经历很好，所获得的一切也必须随着时间的推移不断发展、巩固。同样，我们也不应断定，每个在育儿机构中长大的婴儿，或是由缺乏想象力、因太担心而不敢相信自己的判断的母亲抚养的婴儿，都注定要去精神病院或少管所。事情并没有这么简单。但为了尽量把事情讲清楚，我故意简化了这个问题。

我们已经看到，一个健康的孩子，出生条件很好，母亲从一开始就把他当作一个人来对待。他不仅很友善、性格好，而且还很乖巧。正常的孩子从一开始就有自己的人生观。健康的婴儿也常常会有很严重的喂养困难；他们可能在排泄问题上显得叛逆而任性；他们经常大声抗议，踢妈妈，扯妈妈的头发，甚至抠妈妈的眼睛。事实上，他们有时也挺讨厌。但他们会表现出自发的、绝对真诚的感情冲动，时常拥抱妈妈，表现得慷慨大方，这无疑是对母亲的回报。

不知为何，教科书似乎更喜欢性格好、听话而干净的孩子，但这些美德只有在孩子们经过一段时间的发展后才有价值，因为他们越来越能够认同家庭生活中的父母。这一点很像前文描述的儿童艺术成就的自然进展。

如今，我们经常谈到适应不良的孩子。但是，孩子之所以适应不良，是因为从出生及很早期开始，世界没能充分适应孩子。婴儿的"听话"是一件可怕的事情，这意味着家长们正在以高昂的价格购买便利。但是，家长日后不得不一次又一次支付高昂代价，一旦他们承担不起，社会就不得不为之收拾烂摊子了。

在这里，我想谈谈，母婴关系初期存在这样一个困难，对于任何一位未来想当母亲的人，这一点都很重要。在婴儿出生时及其后的几天里，医生对妈妈来说非常重要，因为医生需要负责分娩过程，妈妈也很相信医生。在这个时候，最重要的事情是让母亲熟悉医护人员。不幸的是，我们不能假定，医生能熟练掌握身体健康、疾病以及整个生育程序，也同样善于维护母婴之间的情感纽带。医生要学习的东西太多了，很难指望他既是一名生理方面的专家，又是母婴心理专家。因此，一位优秀的医生或护士，也有可能无意中干预了母婴的首次接触这一微妙问题，尽管他们并无半点恶意。

母亲确实需要医护人员，他们的专业技术和他们提供的框架使她能够放下忧虑。然而，在这个框架内，她需要能够找到她的婴儿，并使她的婴儿能够找到她。她需要让这种事情自然发生，而不是照搬书本上的任何规则。母亲们不必因自己不够专业而羞愧，在这一点上，医护人员可以提供帮助。

我们可以观察到，有一种普遍性的文化趋势，鼓励人们远离直接接触，远离临床实践，远离那些被称为粗俗的东西——而这些所谓的粗俗，恰恰是赤裸裸的、自然的和真实的事物。同时，人们还有一种倾向，尽可能脱离实际的身体接触和交流。

婴儿的情感生活还能以另一种方式建构成年后情感生活的基础。前文曾谈到本能驱力从一开始进入母婴关系的方式。除了这些强大的本能之外，还有攻击性的因素，以及因挫折而产生的所有仇恨和愤怒。兴奋的爱的冲动中包含了攻击性因素以及与之相关的其他因素，让生活变得非常危险，因此，大多数人会在一定程度上压抑自己。更深入地研究这一部分问题或许能带来更多收获。

我想说，最原始、最早期的冲动大多数是无情的。如果早期喂食冲动中存在破坏性因素，那么，一开始，婴儿是不关心后果的。当然，我谈论的是想法，而不仅仅是我们可以用眼睛观察的实际物理过程。起初，婴儿被冲动和本能支配着，随后他才能慢慢地意识到，在兴奋的喂食经历中，他攻击的是妈妈身上脆弱的一部分。而妈妈是与自己不同的另一个人，在兴奋和狂欢之间的安静间隔中，她是如此重要。兴奋的婴儿在幻想中猛烈地攻击母亲的身体，尽管我们看到的攻击只是微弱的。随着进食带来的满足感，攻击逐渐停止了。每一个物理过程都会被幻想丰富，随着婴儿的成长，幻想会逐渐发展得更明确而复杂。在婴儿的幻想中，母亲的身体是敞开的，这样一来，他可以得到其中的好东西，将其融入自己的身体。因此，对一个婴儿来说，重要的是，母亲要始终如一地长期照顾他，并且从他的攻击中幸存下来。最终，他会对母亲这一客体产生温柔、内疚的感觉，继而去关心她，爱护她。在婴儿生活中，母亲始终是一个活生生的人，这使得婴儿有可能找到与生俱来的内疚感（这是唯一有价值的内疚感），也是修复、重构和给予的欲望的主要来源。从无情的爱、侵犯性的攻击、内疚感、关切感、悲伤，到修复、建设和给予的欲望，这是一个自然的序列，也是从婴儿期到幼儿期的基本体验。然而，母亲或其他担任母职的人必须与婴儿一起经历各个阶段，将各种因素整合起来，否则，这一自然发展序列就无法实现。

还有一种方式，可以说明平凡的好母亲为孩子所做的一些事情。平凡的好妈妈往往能在不知不觉中，毫无难度地帮助孩子区分真实和幻想，为婴儿从丰富的幻想中找出真实的东西。我们可以说，她很客观。在婴儿的攻击性问题上，这一点尤其重要。母亲要保护自己不被咬伤，也要防止两岁的孩子用棍子打新生婴儿的头，但同时，她能意识到，表现还算不错的孩子也拥有极具破坏性和攻击性的力量和想法。对此，她并不惊慌。她知道，这些想法早晚会出现，所以当它们逐渐出现在游戏或梦境中时，妈妈并不惊讶，甚至还会适时地给孩子提供承载着有关破坏性和攻击性主题的故事和童话书。她没有试图阻止孩子产生毁灭的想法，这样一来，孩子与生俱来的内疚感就能自然而然地发展。我们希望随着婴儿的成长而出现的是与生俱来的内疚感，为此，我们愿意等待。将道德观念强加给孩子只会令人厌烦。

为人父母必然伴随着自我牺牲。平凡的好母亲知道，在这段时间里，任何事情都不能干扰母婴关系的连续性。但是，她是否知道，当她自然而然地做着这一切时，已经为孩子的心理健康奠定了基础？她又是否知道，如果她没有从一开始就费尽心思地给孩子提供那些体验，孩子就无法获得心理健康？

第二部分

家庭

第十七章
父亲呢?

在我的工作中,许多母亲都和我讨论过这个问题:"父亲呢?"我想,在多数情况下,父亲是否了解自己的孩子,也取决于母亲的所作所为。从实际经历来看,许多妈妈都会同意,夫妻如果能每天分享照顾婴儿的小细节,这对夫妻关系有很大的帮助。这些小细节在局外人看来似乎很愚蠢,但在当时,对父母和婴儿都极为重要。随着孩子的成长,从婴儿到学步儿,再到小小儿童,养育中的细节越来越丰富,父亲和母亲之间的联系也会越来越紧密。

我知道,有些父亲一开始在孩子面前很羞怯,无疑也有些父亲永远不会对婴儿感兴趣;但是,无论如何,母亲可以让她们的丈夫帮忙做一些小事,比如在给孩子洗澡时,请孩子的爸爸过来观察,如果他愿意,也可以参与进来。正如前文所说,这在很大程度上取决于母亲的所作所为。

我们不能断定,在任何情况下,都应该让父亲早点参与育儿。人与人的差别太大了。有些男人觉得,如果自己是母亲,会比妻子更优秀——这些人相当讨厌。他们能够在大约半个小时内轻而易举地做一个非常耐心的"母亲",然后又轻轻松松甩手离开,从而认为自己远比妻子做得好,因为他们忽视了这样一个事实:她们必须一天二十四小时,日复一日地做一位好母亲。也许有一些父亲确实表现得比妻子更好,但他们毕竟不是真正的母亲;所以,我们必须找到解决问题的方法,而不仅仅是让母亲淡出育儿工作。但通常,母亲们都知道自己擅长育儿工作,如果愿意的话,她们可以让丈夫参与帮忙。

如果我们从头说起,就可以证明婴儿首先认识母亲。婴儿迟早会认识到母亲的某些品质,其中一些——如温柔、甜美则总是与母亲联系在一起。但母亲也有严肃的品质,例如,她可以是严厉、严苛和严格的;事实上,只要婴儿接受了食物不是想要就会随时出现这一事实,母亲的准时喂奶就变得极为珍贵。我想说的是,母亲的某些次要品质在婴儿的头脑中逐渐组合在一起,这些品质吸引着婴儿最终愿意对父亲产生的感情。一个受人尊重、被人爱戴的坚强的父亲,比一个只在乎规章制度、令行禁止、死气沉沉和毫不妥协的母亲要好得多。

因此,当爸爸以父亲的身份进入孩子的生活时,他就接管了婴儿对母亲某些特质的情感。当父亲能够以这种方式接管时,对母亲来说是一种极大的解脱。

我想分别谈谈父亲在不同方面的价值。我想说的第一件事是,家里需要一个父亲,让母亲身体健康,心情愉悦。孩子对父母之间的关系非常敏感,如果一切进展顺利,可以说,孩子是第一个洞察这一事实的人。而且,他往往通过生活更轻松、更满足、更容易养活来表达这种感激之情。我想，这就是对婴儿或儿童而言的"社会保障"。

父亲和母亲的结合为孩子的幻想提供了一个铁的事实，一个可以依附、也可以对抗的铁的事实。此外，它还为三人关系问题的个人解决方案提供了部分自然基础。

其次，正如前文所说，父亲需要给予母亲精神上的支持，成为母亲权威的坚强后盾，维护母亲在孩子生活中所建立的规则和秩序。他不必一直守在那里做这件事，但必须经常出现，让孩子感到他是真实的、鲜活的。孩子生活的大部分安排都由母亲来完成，孩子们也希望在父亲不在家时，母亲能够独当一面。事实上，每个女性都必须能够有权威地说话和行事；但是，如果母亲必须独立完成育儿任务，就必须既在孩子们的生活中提供所有坚强、严格的元素，又要提供充满爱的温暖元素，那么，母亲的负担就实在太重了。此外，如果父母双亲都在身边，对孩子来说也轻松得多。他们可以爱一个，恨一个，这本身就是一种稳定的力量。有时你会看到一个孩子踢打母亲，你也许会想，如果父亲在身边支持她，孩子可能会转而想踢父亲，也可能不敢再动手了。孩子时不时会恨一个人，如果父亲总是不在身边，他就只能恨母亲一个人了，这会让他感到困惑，因为母亲明明是他最爱的那个人。

第三，孩子之所以需要父亲，是因为父亲有积极的品质，有区别于其他人的特质，还有活泼开朗的个性。在婴儿生命的早期，当印象很鲜明时，如果可能的话，最好抓紧时间让小男孩或小女孩认识父亲。当然，我并不是要求父亲将自己的个性强加给孩子。有些孩子几个月大的时候会四处张望着寻找父亲，当父亲走进房间时他会伸出手来，也会倾听父亲的脚步声。而另一些孩子会躲开父亲，或者逐渐让父亲成为自己生命中的重要人物。一些孩子很想了解父亲到底是什么样的人，而另一些孩子则把父亲当作梦想中的对象，很难像其他孩子那样了解他。然而，如果父亲在身边，愿意了解自己的孩子，孩子就会很幸运，父亲可以极大地丰富孩子的世界。当母亲和父亲都很愿意承担孩子生存的责任时，就为建立一个良好的家庭奠定了基础。

想要详细描述父亲丰富孩子的生活的方式太难了，因为可能性太多了。当孩子看到（或认为自己看到）父亲时，就能在心中形成（或部分形成）理想父亲的形象。父亲每天早出晚归，逐渐展现出工作性质，就让孩子拥有了一个新的世界。

孩子们都爱玩"过家家"的游戏，正如你所知道的，游戏里的父亲早出晚归地工作，而母亲则做家务并照顾孩子。家务活是孩子们很容易了解的事情，因为它总是在他们身边进行，但父亲的工作（更不用说他下班后的爱好了），拓宽了孩子们的世界。父亲是技艺高超的工匠，这样的孩子多么幸福啊！他让孩子们看到他的手艺，一起制作美丽而实用的东西。如果父亲偶尔加入孩子们的游戏，他一定会带来有价值的新元素，可以编织到游戏中。此外，父亲对世界的了解，使他能够明白某些类型的玩具或器具何时有助于孩子们玩耍，而不会阻碍他们想象力的自然发展。不幸的是，有些父亲给儿子买了蒸汽机，结果却自己玩了起来，或者因为太喜欢蒸汽机而不让孩子碰它，生怕被孩子弄坏。这就太过分了。

父亲为孩子们做的很重要的一件事就是活着，在孩子们的早年生活中持续存在。这一简单行为的价值很容易被遗忘。虽然孩子们把父亲理想化是很自然的事，但与父亲一起生活，了解父亲的为人，甚至在一定程度上发现父亲真实的模样，对他们来说也是非常有价值的。我认识一个男孩和一个女孩，当他们的父亲在军队打仗时，他们认为当时的自己过得很愉快。他们和母亲住在一栋有漂亮花园的房子里，生活用品应有尽有，甚至绰绰有余。有时，他们陷入"有组织的反社会活动"状态，险些把房子拆了。现在，回头看时，他们可以看到这些周期性的爆发是有企图的，只不过在当时停留在潜意识的层面。他们希望父亲能够出现。在父亲的信件的支持下，母亲成功地帮助他们通过了这一关；但你可以想象，母亲多么渴望丈夫能够在家！这样她就可以偶尔坐下来歇一歇，听他叫孩子们上床睡觉。

举个极端的例子：我认识一个女孩，她的父亲在她出生之前就去世了。她的悲剧在于，她只有一个理想化的父亲，而她对男人的看法是建立在这个父亲的基础上的。在生活中，她很容易将男人理想化。起初，这的确能激发男人美好的一面。但或早或晚，不可避免地，她认识的每个男人都会表现出不完美的一面。一旦这种情况发生，她就会陷入绝望状态，不断地抱怨。你可以想象，这种模式毁了她的生活。如果父亲在她童年时还活着，她既可以发现他理想的一面，也能发现他的缺点，接受父亲带来的失望——她会有多么幸福啊。

众所周知，父亲和女儿之间有时存在一种特别重要的纽带。事实上，很多小女孩曾梦想要代替母亲的位置，或者至少有过浪漫的梦想。女儿产生这种想法时，母亲们需要理解。如果父亲和女儿之间的亲密关系不被允许自然发展，那就太可惜了；因为小女孩迟早会意识到这种浪漫依恋所带来的挫折感，她最终会长大，并朝其他方向寻找她想象中的实际结果。如果父亲和母亲之间关系愉快，那么父亲和孩子之间的这种强烈的依恋就不会影响父母之间的依恋。在这里，女孩的兄弟们能提供很大的帮助，他们像是一种跳板，让女孩的情感从爸爸、叔叔身上转向家庭之外的其他男性。

众所周知，男孩和父亲有时会争夺母亲。如果父母在一起很幸福，这就不必担心了。当然，如果父母对彼此的爱充满安全感，这种事情就永远不会干扰夫妻感情。由于小男孩的感情极为强烈，所以，父母应该认真对待。

据说，有些孩子在整个童年时期从未单独和父亲待上一整天，甚至半天。在我看来这很可怕。应该说，母亲有责任时不时地把父女或父子一起送出去探险。这对所有人来说都是一件好事，有些经历会成为他们一生的珍藏。

因此，如果你的丈夫在家，你很容易就会发现，帮助他和孩子们互相了解是值得的。你没有能力让他们的关系变得丰富多彩——这取决于父亲和孩子。但是,让这种关系成为可能,在很大程度上取决于你的能力。反过来说,你也可以起到阻碍甚至破坏父子关系的作用。

第十八章
别人的标准和你的标准

我想，每个人都有自己的理想和标准。每个人在建造自己的家时，关于装修风格、色调、家具、桌椅等都有自己的一套想法。大多数人都知道自己赚钱之后想要什么样的房子，喜欢住在城市还是郊区，也知道自己喜欢什么样的电影。

刚结婚时，你一定觉得——"现在，我可以过我自己喜欢的生活了。"

一个五岁的小女孩正在学习各种词汇，她听到有人说，"小狗自己做主回家了"，就学会了"自己做主"这个词。第二天，她对我说："今天是我的生日，所以一切都必须由我自己做主。"好吧，按这个小女孩的说法，当你结婚的时候，你会想："现在，生活环境终于可以由我自己做主了。"请注意，这并不是说你的意愿一定比你婆婆的好，但这是你自己的意愿，这才是最重要的。

假设你有了自己的房间、公寓或别墅，就可以按照自己喜欢的方式来布置和装修。新窗帘挂上之后，你可以邀请人们来参观你的家。关键在于，你已经达到了一种状态，在这种状态下，你在周围的环境中表达了自己，你甚至可能会对自己做事的方式感到惊讶。显然，你一辈子都在为此练习。

新婚之后，如果你和丈夫在细节问题上没有发生争吵，那真是幸运极了。有趣的是，争论几乎总是围绕这个或那个是"好的"还是"坏的"展开，而真正的问题，根据那个小女孩的用词，其实是由谁来做主的冲突。比如说，你觉得一条地毯很好，因为那是你买的，或是你选的，或是在大减价时讨价还价买到手的。同样，如果它是你丈夫选择的，他也会觉得地毯很好。问题是，怎么能让你们都觉得是自己选择了它？幸运的是，恋爱中的人确实经常会发现，他们的"做主"有可能在一定程度上重叠了一段时间，所以在这段时期内问题不大；解决这一困难的一个办法是达成共识。在双方心照不宣的情况下都同意，妻子按自己的意愿管理家庭，而男人则按自己的意愿工作。每个人都知道，在英国，家是妻子的城堡。英国男人也喜欢找一个妻子来打理家庭，认为她是家里的主人。唉，可惜的是，通常情况下，这个男人在工作中无法像妻子持家时那样独立自主。也很少有男性会对自己的工作产生认同感，而作为工匠、小店主和小业主，他们更是容易被工作淹没，很难感到认同。

我想表明，一个宝宝想按自己的方式行事有多么困难。婴儿如果执意按自己的方式来做，就会把事情搞得一团糟。没有人会说：搞糟了就搞糟了，没什么关系。有时候，孩子弄糟的是年轻母亲新近获得的精神独立性，以及她刚刚赢得的对个人意愿的尊重。一些女性宁愿不生孩子，因为如果在婚姻中无法建立她们自己经过多年等待、规划而赢得的个人影响范围，婚姻似乎会失去很多价值。

好吧，假设一位年轻的妻子刚刚设法安排好了自己的家庭，她为自己的安排感到自豪，并且她才刚刚开始体会到自己做主的滋味：如果就在此时，她有了一个孩子，会发生什么呢？我认为，怀孕时，她不一定会把婴儿看作对她新获得的独立性的威胁，因为那时她有太多的事情要考虑。怀孕时，许多有关生孩子的想法都很令人兴奋、有趣而鼓舞人心。她可能觉得，婴儿自然而然会按照她的计划来成长，并在她的势力范围内健康发展。到目前为止，一切都很好。毫无疑问，她认为她的孩子会从原生家庭中吸取一些文化特性和行为模式——这确实没错。然而，育儿过程中还有更多相当重要的事情。

几乎从一开始，新生婴儿就有自己的想法；如果你有十个孩子，你会发现每个孩子都很不一样，尽管他们都生长在同一个家庭——你的家里。十个孩子也会在你身上看到十个不同的母亲，哪怕是同一个孩子，也可能有时认为你可爱又美丽，但突然间，在光线不好的时候，或者在晚上，当你因为他做噩梦而走进他的房间时，他会把你当成一条恶龙或一个女巫，或者其他可怕、危险的东西。

关键是，每一个降临你家的孩子都会带来他自己的世界观，需要控制自己的一小部分世界，因此每一个孩子都会对你的设置、你精心构建和用心维护的秩序带来威胁。我知道你很珍惜自己能够做主的生活方式，在此，我只能为你感到遗憾。

我想试试，看看自己能不能帮上一点忙。我认为，在这种情况下出现的一些困难来自这样一个事实，即你倾向于认为，你喜欢某些东西，因为它是正确的、好的、适当的、最优的、最聪明的、最安全的、最快捷的、最经济的……毫无疑问，你这样想往往是有道理的，因为孩子在技能和对世界的认识方面几乎不可能胜过你。但更关键的是，你喜欢和信任这种处世方式，并不是因为它是最好的，而是因为它属于你。这就是你想要控制的真正原因。此外，只有当你把所有的缰绳都掌握在自己手中时，你才会感到安全。

是的，你完全有权要求你家里的人遵守你的准则，比如按照你的方式摆早餐，饭前要祷告，不许骂人，等等。但你的这份权利是基于这是你的房子，这是你自己的方式，而不是因为你的方式就是最好的——尽管它可能真的是最好的。

你的孩子很可能希望你真正了解自己想要什么，信仰什么，他们能从你的信仰中获益，他们的标准或多或少建立在你的基础上。但同时，这也是问题所在——你难道不觉得，孩子们也有自己的信仰和理想，也有自己寻求秩序的意愿吗？孩子们不喜欢永远的混乱，也不喜欢永远的自私。如果你如此注重在家里树立自己的权威，以至于没有考虑到婴儿和孩子的天性，不允许他们创造属于自己的小世界（这是他们自己的事情，有他们自己的道德准则），就一定会伤害孩子，你知道吗？如果你对自己有足够的信心，我想你会想看看，在你更广泛的影响范围内，你能让孩子在多大程度上通过自己的冲动、计划和想法，以自己的方式主导相应的情境。"今天是我的生日,所以一切都由我自己做主。"小女孩这样说,并不会导致混乱。这一天的安排与其他任何一天都没什么不同,只是它是由孩子创造的,而不是由母亲、保姆或教师创造的。

当然,这是母亲在婴儿生命初期常做的事情。由于无法完全听从婴儿的召唤,她每隔一段时间就给婴儿喂奶,这已经很不错了。她常成功地给婴儿一段短暂的幻觉,在这种幻觉中,婴儿还不必意识到梦想中的乳房不可能说来就来,无论梦有多么美好,婴儿都无法靠梦中的乳房存活。也就是说,乳房必须在母亲身上才有用,而母亲对他来说是外部的、独立的人。如果只有婴儿想要吃奶,这种想法是不够的。母亲也要有喂奶的意愿。认识到这一点,对孩子来说相当艰难,母亲可以保护婴儿,使其免于过早或突然的幻灭。

起初,全家人都觉得婴儿很重要。如果他因饥饿或不适而哭泣,一切都得为他让路,直到他的需求得到满足。而且,他被允许冲动,例如,没来由地胡乱排泄。从婴儿的角度来看,母亲的严格似乎是奇怪地变化着的——有些妈妈会在邻居的吓唬下忽然变得严格,开始所谓的"训练",直到婴儿符合她的清洁标准才肯放松。她认为,如果孩子不再主动,不再冲动,放弃了保持这些宝贵的特点,就说明她做得很好。事实上,过早、过于严格的清洁训练往往达不到目的。一个半岁时很讲卫生的孩子长大一些之后,会变得叛逆性或强迫性地脏兮兮,而且很难再接受训练。幸运的是,在许多情况下,孩子没有完全放弃希望,找到了其他出路，其自发性只是隐藏在尿床等症状中。（作为一名旁观者，我不必帮忙换洗床单，每当见到一位专横的母亲有个尿床的孩子时，我都很高兴，因为他虽然不知道自己在做什么，但仍然在坚守自己的阵地。）对母亲来说，如果能在保持自己的价值观的同时，耐心等待孩子发展自己的价值观，将会得到丰厚的回报。

如果你能让每个孩子发展自己的支配权，那就是在帮助他。你的支配权和他的支配权之间会有冲突，但这是自然的，比自以为是地将自己的想法强加给孩子要好得多。理由很简单，每个人都喜欢自己的方式。完全可以让孩子拥有一个房间的角落、一个橱柜或一堵墙，根据孩子的心情、想象力和兴致，让他自己来收拾、整理或装饰。你的每个孩子都有权拥有房子中的一小部分，他可以称之为自己的房子；他也有权每天拥有父母的一点点时间，在此期间，父母必须出现在孩子的世界里。当然，如果走到另一个极端，母亲失去鲜明的个人生活方式，而是一切让孩子做主，这也没什么好处。在这种情况下，没有人会幸福，甚至连孩子都不会。

第十九章
什么是"正常"的孩子？

我们经常谈论问题孩子，试图描述和归类他们所面临的问题；我们也谈论正常或健康的孩子，但描述正常的孩子要困难得多。讨论生理问题时，我们非常清楚"正常"是什么意思，也就是孩子的发展大约处于同年龄层的平均水平，并且没有身体疾病。我们也知道，智力正常是什么意思。但是，一个拥有健康身体、正常甚至超常智力的孩子，就整个人格而言，仍有可能不正常。

我们可以从行为的角度来思考，将一个孩子与同龄人进行比较。但是，如果只看行为就给孩子贴上不正常的标签，恐怕是不合适的。因为在正常的范围内，情况仍然千差万别，而且人们对正常的预期也各不相同。比如，孩子饿了就哭，正常吗？这个问题的关键在于，孩子多大了？一岁的时候饿了就哭是正常的。再比如，一个孩子从妈妈的包里拿出一块钱。再说一遍，问题的关键是孩子多大了？大多数两岁的孩子都可能会这样做。再看两个孩子，他们表现得都像是在期待被打。其中一个孩子从未挨过打，另一个则经常在家里挨打。或者说，三岁的孩子还在吃母乳，这种现象在英国很少见，但在世界上的另一些地方则是一种习俗。因此，不能通过比较一个孩子和另一个孩子的行为来理解我们所说的正常。

我们想知道的是，孩子的人格养成是否正常，以及个性是否在健康地增强。孩子的聪明才智并不能弥补人格成熟过程中的停滞。如果情绪发展在某个地方受阻，孩子就会在某些情况重现时返回"原点"，表现得像个婴幼儿。例如，我们说，如果一个人在受挫时变得特别讨厌，或者心脏病发作，就可以说他表现得像个孩子。所谓的正常人有其他处理挫折的方法。

我将试着对正常发展说一些积极的话。但首先得同意，婴儿的需求和感受是非常强大的。把孩子看作一个人，一个从来到这个世界上时就带着强烈情感的人，尽管他与世界的关系才刚刚开始——这一点非常重要。人们采用各种各样的手段，试图重新找回属于自己婴儿期和童年早期的感受，这种感受非常有价值，因为它非常强烈。

基于这个假设，我们可以把幼儿期看作一个逐步建立信任的过程。对人和事的信任是通过无数美好的体验一点点建立起来的。这里所说的"美好"，意味着足够令人满意，因此可以说，孩子的需求或冲动已经得到满足和证明。这些好的体验可以制衡坏的体验，"坏"是我们在愤怒、恨意和怀疑出现时使用的词，而这些都是发展过程中不可避免的感受。每个人都必须在内心找到一个地方来运作并建构起自我本能冲动的机制；每个人都必须发展出自己的方法，在分配给自己的小小世界里，与这些冲动共存，而这并不容易。事实上，要向人们指出的关于婴幼儿的主要问题是，孩子的生活并不容易，即使其中充斥着许多美好之处。没有眼泪的生活是不存在的，除非他们放弃主动性，变得唯命是从。

事实上，人生本来就很难，每个婴幼儿都无法避免地显示出各种艰难的迹象。因此，每个人都会有症状，而在某些情况下，任何一种症状都可能是疾病的征兆。即使是最和睦、最相互了解的家庭中，也无法改变这样一个事实——普通人的成长相当艰难。实际上，一个完美适应的家庭也会令人难以忍受，因为孩子无法通过正当的愤怒来排解情绪。

因此，我们不得不认为，"正常"这个词有两种含义。其一对心理学家很有用，他需要一套标准，把一切不完美的东西都称为异常。另一种则对医生、家长和老师有用，可以用这个词描述一个最终可能成长为令人满意的社会成员的孩子，尽管这个孩子目前还明显存在着一些症状和行为问题。

举个例子，我知道一个早产的男婴。在医生眼里，早产就属于不正常。他十天都不能正常吃奶，所以母亲不得不把母乳挤出来装在奶瓶里喂他。这对于早产儿是正常的，对于足月儿则不正常。有趣的是，在原定的预产期那天，他就开始吃母乳了，虽然速度很慢，但也只能按照他自己的速度来了。从一开始，他就对母亲提出了巨大的要求，母亲发现只能顺着他，让他决定什么时候开始，什么时候停止，才能养育好这个孩子。在整个婴儿期，他对每一件新事物都报以尖叫，让他使用新杯子、新浴缸或新婴儿床的唯一方法就是把它放在他眼前，然后等待他自行发现。对心理学家来说，这种自主的程度已经达到异常标准，但是，因为他有一个愿意跟随他脚步的母亲，我们仍然可以称这个孩子为正常。此外，这名儿童发展出了非常强烈的尖叫攻击方式，并且很难安抚，所以母亲唯一能做的就是把他留在摇床里，自己在附近等待，直到他恢复过来。在发动攻击时，他根本不认识母亲，所以在他开始恢复之前，母亲对他没有任何用处。孩子恢复过来之后，妈妈又能重新恢复作用了。孩子被送到一位心理学家那里进行专门检查，但就在等待预约时，妈妈忽然发现，在没得到外界帮助的情况下，母子二人竟然开始相互理解了。因此，心理学家没有加以干预。尽管他在孩子和母亲身上都发现了异常之处，但他更愿意称他们为正常人，并让他们通过运用自身的自然资源从困境中恢复过来，收获宝贵的人生经验。

在我看来，正常儿童应该是这样的：正常的孩子可以利用自然状态下的任何手段来抵御焦虑和无法忍受的冲突。在健康的状态下，他使用的手段与能得到的帮助类型有关。异常的表现是，孩子利用症状的能力有限且僵化，以及症状与所期望得到的帮助之间缺乏联系。当然，我们必须考虑到这样一个事实，即在婴儿早期，几乎没有能力判断可以获得哪种类型的帮助。因此，此时的母亲也需要密切地适应婴儿的需求。

以尿床为例，尿床是一种很常见的症状，几乎每个照料孩子的人都必须面对。如果孩子尿床是为了有效地抗议严格的管理，维护个人的权利，可以说，这种症状不是病；反之，这是一个迹象，表明孩子仍然希望保持自己的个性，而这种个性受到了某种形式的威胁。在绝大多数情况下，尿床都在发挥着类似的作用。假以时日，只要父母管理得当，孩子就能摆脱这种症状，采取其他方法来表达自己的个性。

拒绝进食是另一种常见症状。孩子拒绝吃东西是绝对正常的。即便妈妈提供的食物很好吃，但关键是，孩子不可能总是感觉食物很好吃，也不可能总是觉得美食是应得的。假以时日，只要父母能够冷静管理，孩子最终会发现什么是好，什么是坏；换言之，孩子和我们一样，都会产生好恶。

孩子们通常使用的这些手段，我们称之为症状。可以说，在适当的情况下，正常的孩子也可以表现出类似的症状。但对一个生病的孩子来说，麻烦的并不是症状，而是症状没有起到应有的作用，仅仅成为母子双方的麻烦。

因此，尽管尿床、拒绝进食和其他各种症状都可能是需要治疗的严重征兆，但也未必一定如此。事实上，那些被称为正常的儿童也可能有这些症状，这仅仅是因为生活很艰难，每个人从出生开始就面临这种艰难。

这些困难从何而来呢？首先，源自两种现实之间存在的根本冲突，一种现实是每个人都可以分享的外部世界，另一种现实是每一个孩子的内心世界，包括情感、思想和想象。从出生起，每个婴儿都在不断地接触外部世界。在早期的喂养经历中，婴儿开始将想法与外部事实进行比较；将他所需要的、所期待的、所想的，与妈妈所提供的，以及依赖于另一个人的意志和愿望而存在的东西进行比较。在人的整个生命中，必然会有与这种基本困境相关的痛苦。即使是最好的外部现实也会令婴儿失望，因为它不是想象出来的，尽管在某种程度上，现实也可以被操纵，但它不受魔法的控制。照顾小孩的人面临的主要任务之一是，在从幻想到幻灭的痛苦过渡中提供帮助，尽可能简化孩子眼前的问题。婴儿时期的许多尖叫和脾气都围绕着这场内在和外在现实之间的拔河而展开，而这场拔河绝对是正常的。

这种独特的幻灭过程有一个特殊之处，就是孩子发现了即时冲动带来的喜悦。然而，如果孩子要长大，想加入一个群体，就必须放弃很多自发性的快乐。但是，起初没有发现、没有拥有过的东西，就谈不上放弃。想想看，妈妈要确保每一个婴儿都能感受到爱的本质，然后再让孩子学会克制自己，这有多么困难啊！在这种痛苦的学习过程中，孩子表现出顶撞和抗议现象确实是正常的。

其次，还有一个可怕的发现，伴随着兴奋而产生的非常具有破坏性的想法。喂食时，婴儿很可能会产生一种冲动，想要毁掉一切美好的东西，包括食物以及提供食物的人。这是非常可怕的，或许随着婴儿渐渐认出喂养背后的那个人而感到害怕，或许因为婴儿非常喜欢在喂食时出现的那个人，而那个人似乎希望被摧毁和榨干。而且，伴随着这种想法，又产生了另一种感觉，如果一切都被摧毁了，就什么也没有了。然后还会发生什么？饥饿会卷土重来吗？

那么，该怎么办呢？有时，孩子会停止对食物的渴望，从而获得内心的平静，但失去了一些宝贵的东西。因为如果没有渴望，就不可能得到完全满足的体验。因此，我们可以看到一个症状——对健康的贪吃欲望的压抑，在一定程度上我们称之为正常的儿童会发生的情况。如果妈妈在尝试各种方式避开这个症状的过程中，能够知道这是怎么回事，她就不会那么容易惊慌失措，可以安然等待一段时间——这在育儿上是一件好事。人类的婴幼儿最终都能很好地应付这个问题。这是因为一个有责任感的养育者会保持冷静，始终如一地遵循自然规律行事。

以上这些只涉及婴儿和母亲之间的关系。用不了多久，新的问题又会出现，那就是与父亲有关的因素。你在孩子身上发现的许多症状都与这个事实及其衍生出来的复杂关系有关。然而，我们不希望因为这个而将父亲排除在外。很明显，如果说所有症状都源自孩子对父亲的嫉妒、对父亲的爱或是复杂的感情，那么，这比他缺乏应付外在现实的经历要好多了。

新生儿的到来也会引起不安，这同样是好事，而不是坏事。

最后，因为无法论及全部，我只想再说一点，那就是孩子很快就会创造一个属于自己的内心世界，上演着或输或赢的战争，完全受到魔法支配。从孩子们的绘画和游戏中，你会看到内心世界的一些东西，这必须认真对待。因为这个内心世界似乎在孩子体内占据了一个重要位置，你必须想到，孩子的身体也会卷入其中。例如，各种各样的身体疼痛和身体不适会伴随着内心世界的紧张和压力。为了控制这些内在现象，一个孩子会感到疼痛，或者会做出魔法手势，或者像着了魔一样跳舞。当你不得不处理自己孩子身上的这些"疯狂"的事情时，我希望你不要单纯认为孩子生病了。你必须想到，孩子的身心可能被各种真实和虚构的人、动物和事物占据，有时这些想象中的人和动物还会跑出来，所以你必须假装你也看到了他们，除非你想要求你的孩子在幼小的年纪像大人一样成熟，而这样做会引起巨大的混乱。如果你不得不迎合孩子想象中的玩伴，也不要感到惊讶，因为对你的孩子来说，这些玩伴是完全真实的。他们来自孩子的内心世界，但出于某种原因而暂时游离在他人格之外的世界。

与其继续试图解释为什么生活通常很艰难，我更想以积极的提示结束本章内容。那就是，一定要重视孩子的游戏能力。如果一个孩子喜欢游戏，有可能出现一两个症状；而如果一个孩子能够独自或与其他孩子一起愉快地玩耍，一般就不会有什么严重的麻烦。如果他在游戏中运用了丰富的想象力，而且，如果游戏中的快乐取决于对外部现实的准确感知，那么即使孩子尿床、口吃、爱发脾气或抑郁，你也可以很开心了。游戏表明，只要有良好而稳定的环境，这个孩子就有能力发展出自己的生活方式，并最终成为一个完整的人，一个能够受到全世界欢迎的人。

第二十章
独生子女

现在，我想谈谈那些生活在平凡和睦的家庭，但没有兄弟姐妹的孩子：独生子女。问题是：独生子女和非独生子女的主要区别在哪儿？

环顾四周，我发现，如今周围竟然有这么多独生子女！我意识到，父母只要一个孩子肯定有很好的理由。当然，在许多情况下，很多人还是愿意努力去创造一个大家庭的，只是鉴于种种原因而未成真。不过，一般来说，如果父母只要一个孩子，通常都是有一个有意识的计划。我想，如果你去问一对夫妇，为什么只生一个孩子，他们通常给出的理由是经济问题："我们根本负担不起一个以上的孩子。"

养育婴儿无疑需要一大笔开销。我认为，忽略家庭经济条件，盲目建议人们多生孩子是不明智的。我们都知道，很多婚生的、非婚生的婴儿被一些毫无责任感的男女生下来之后随意处理，这让很多年轻人在开始组建大家庭之前犹豫再三。如果人们喜欢用金钱来说话，那就让他们说吧。但实际上，我认为他们担心的是，能否在不损失太多个人自由的前提下养活一个大家庭。

如果两个孩子对父母的要求确实是一个孩子的两倍，那么最好提前计算成本。但人们可能又会怀疑，养几个孩子的负担是否真的比独生子女大得多？

请原谅我把孩子称为负担。事实上，孩子的确是种负担。如果说养育孩子能够带来快乐，那是因为夫妻双方都很想要孩子，决定承担这种负担。也就是说，他们决定不将孩子称为负担，而是称为宝贝。有句谚语说得好："愿你所有的麻烦都是小麻烦！"如果我们对孩子相关问题过于情绪化，恐怕就不会生孩子了。母亲可能会享受洗洗刷刷、修修补补的快乐，但我们千万不要忘记，这项工作有多么辛苦，多么无私。

作为独生子女，孩子当然可以获得一些好处。我认为，父母能够全心全意地照顾一个孩子，这一事实意味着，他们有可能为孩子做出更好的安排，让孩子度过简单的婴儿期。也就是说，婴儿可以从孩子和母亲之间最简单的关系开始，而这个小小的世界会逐渐发展出复杂性，其速度不超过发育中的婴儿所能承受的范围。早期的简单环境可以给人一种稳定的感觉，这对孩子的一生都很重要。当然，我还应该提到其他重要的事情，比如父母可以很容易地给独生子女提供食物、衣服和教育等条件。

现在，让我谈谈一些独生子女的问题。独生子女最明显的不足之处是缺乏玩伴，缺乏与兄弟姐妹相处所得的丰富经验。在孩子们的游戏中，有许多成年人无法接触的东西；即使大人理解了，也不可能按照孩子的意愿长时间地参与其中。事实上，如果成年人和孩子一起玩，孩子游戏中那些自然的疯狂之处就变得太明显了。因此，如果家里没有其他孩子，独生子女的游戏可能不会顺畅，可能会失去那些不合逻辑、不负责任和一时冲动所带来的快乐。这样有时会导致独生子女更早熟，更喜欢和成年人聊天，愿意帮母亲打扫房子，或学着使用父亲的工具。他们觉得玩游戏很傻。然而，一起玩游戏的孩子有无限的创造游戏细节的能力，还能长时间地玩而不感到疲劳。

但我认为还有更重要的事情。对孩子来说，迎接新的兄弟姐妹进入家庭是很有价值的。事实上，我再怎么强调这段经历的价值也不为过。怀孕会带来一个非常基本的事实。如果一个孩子没有见过母亲身上的变化，就会错过很多东西。一开始，他发现自己不能舒服地坐在她的腿上了，然后他慢慢开始思考这件事。弟弟妹妹出生了，妈妈逐渐恢复常态，孩子也就得到了确凿的证据，证明了他一直隐隐知道的事情是真的。即使有很多孩子很难消化这件事情，无法应对由此引发的强烈感受和内心冲突，但我认为，每一个错过这种经历的孩子，每一个从未见过母亲用乳房哺乳、洗澡和照顾婴儿的孩子，都不如目睹过这些事情的孩子富有。也许，小孩子和大人一样想要生娃娃。但他们做不到，于是就用玩偶来部分满足愿望。这时候，当他们的母亲生了孩子，就仿佛替代孩子达成了愿望。

独生子女特别缺乏的是发现"仇恨"出现的经历。孩子的仇恨源于新生儿威胁到了自己与父母之间看似稳定安全的关系。一个孩子因为新生儿而感到不安，这是非常正常的事情。孩子对新生儿的第一句评价通常很不礼貌："他的脸像个西红柿一样。"事实上，当父母听到孩子在新生儿出生时直接表达出有意识的厌恶，甚至是强烈的仇恨时，他们应该感到宽慰。随着新生婴儿逐渐长大，成长为一个可以与哥哥姐姐玩耍、能够为之自豪的人时，这种"仇恨"将逐渐让位于爱。然而，孩子最初的反应可能是恐惧和厌恶，甚至可能有把新生婴儿扔进垃圾箱的冲动。我认为，对一个孩子来说，这是一段非常有价值的经历，因为他发现自己开始喜欢的弟弟或妹妹，其实就是几个星期前刚出生的、他想"除掉"的那个婴儿。对所有的孩子来说，合情合理地表达仇恨并非易事，而独生子女相对缺乏表达其本性中咄咄逼人一面的机会，这件事情其实很严重。一起长大的孩子们会玩各种各样的游戏，有机会接受自己的攻击性。同时，他们也有宝贵的机会发现，当他们真的伤害了自己所爱的人时，心里会很过意不去。

非独生子女比起独生子女还有一个优势。在一个大家庭中，孩子们有机会扮演各种不同的角色，所有这些经验都为他们进入更大的群体、融入世界做好了准备。独生子女随着年龄的增长，特别是如果他们没有很多表兄弟姐妹，会发现很难结识其他孩子。独生子女一直在寻找稳定的关系，这往往会吓跑偶然认识的人，而大家庭的成员则习惯于与兄弟姐妹的朋友见面，在他们达到约会年龄时，已经有了很多人际关系的实际经验。

父母当然可以为独生子女做很多事情，而且许多父母也愿意这样做，但他们也会承受不一样的痛苦。尤其是在战争时期，他们必须非常勇敢地送孩子上战场，尽管从孩子的角度来看，这可能是唯一该做的好事。男孩和女孩都需要冒险的自由，如果做不到，这对他们来说是一个严重的挫折。但是，作为独生子女，如果他们受到伤害，父母可能会承受更大的伤害。还有一个事实是，父母的生命会因为他们带到世界上并养育的每一个孩子而变得更加丰富多彩。

此外，还有孩子长大后赡养父母的问题。如果家里有几个孩子，就可以分担照顾父母的责任。显然，独生子女可能会被自己照顾父母的愿望压垮。也许父母应该提前考虑这一点。他们在照顾孩子时，有时会忘记孩子很快就长大了，童年只有那么几年。但孩子可能要照顾父母（并且往往是自愿的）二十年或三十年以上，甚至一辈子。如果家里有几个孩子，照顾年迈的父母会更轻松，更容易成为一种乐趣。事实上，有时会发生这样的情况：年轻的已婚人士想要生几个孩子，却无法做到这一点，因为他们对年迈或生病的父母负有重大责任，因为没有那么多兄弟姐妹来分担和享受这项任务。

你应该发现了，我在讨论独生子女的优点和缺点时，有一个重要的前提，那就是假设孩子是一个健康、正常的普通人，有一个平凡的好家庭。显然，如果考虑异常情况，还有更多内容要讨论。例如，家里有一个发育迟缓的孩子，对父母来说就是一个特殊的问题，值得特别考虑。如果家里有好几个孩子，那就很难管理，父母自然会想知道，其他孩子是否会受到问题孩子的伤害，以及是否会受到因他而被迫采取的管理方式的伤害。还有一个同样重要的例子，那就是孩子的父母身心患有某种疾病。例如，有些父母或多或少总是抑郁，或者总是忧心忡忡；有些人对世界如此恐惧，认为外界对自己充满敌意。独生子女必须发现这一点，独自应对问题。正如一位朋友对我说的："对我来说，总有一种奇怪的封闭感；也许太多的爱、太多的关注和太多的占有欲，让我觉得自己好像与想象中的父母关在一起了。他们总认为自己是我的全部世界，但其实早就不是了。对我来说，这是作为独生子女最糟糕的部分。我父母表面上相当开明。当我还不太能走路的时候，他们就送我去上学，让我几乎和邻居的孩子们住在一起。但在家里，还是有一种奇怪的被拖进去的感觉，好像家庭关系比其他任何事情都重要。如果家里没有一个同龄孩子，独生子女很容易骄傲自大。"

看到这里，你可能会认为，我支持大家庭多于支持独生子女家庭。然而，其实我认为，比起生一大堆孩子，却在物质上和情感上都无法好好照料，最好还是生一到两个孩子，尽最大努力去培养他们。如果家里只有一个孩子，请记住，多多邀请其他孩子来家里玩，而且越早越好。事实上，两个小孩互相撞头并不意味着他们不应该见面。如果实在找不到玩伴，也可以养狗和其他宠物，或者送进托儿所、幼儿园。在深刻理解独生子女的关键不足所在的前提下，只要父母愿意，可以在一定程度上避免它。

第二十一章
双胞胎

关于双胞胎，首先要说的是，这是一种完全自然的现象，真的没有什么值得伤感或开玩笑的地方。我知道，许多母亲喜欢双胞胎，许多双胞胎也享受这种机缘。但如果问起来，会有母亲表示，双胞胎不是她们的首选。而双胞胎，即使是那些看起来对自己的命运相当满意的双胞胎，有时也会告诉我，他们宁愿母亲一次只生一个。

双胞胎有自己的特殊问题需要解决，有许多优点，也有许多缺陷。如果我能帮上忙，与其说是告诉你该做什么，不如说是就那些主要的困难给出一两点提示。

有两种不同类型的双胞胎，每种类型的问题并不完全相同。我们知道，每个婴儿都是从一个微小的细胞（也就是受精卵或卵细胞）发育而来。卵子一受精就开始生长，然后一分为二，再分裂成四个，然后四个变成八个，以此类推，最后分裂出数以百万计的各种类型的细胞。这些细胞都相互关联，组成一个新的个体，就像原始的受精卵一样。有时，在受精卵第一次分裂后，这两个细胞各自分裂，然后独立发育，形成同卵双胞胎。也就是说,两个婴儿从同一受精卵发育而来。同卵双胞胎永远是同性,通常在外表上非常相似,至少一开始是这样。

另一类双胞胎可能是同性,也可能不是同性,因为他们就像普通兄弟姐妹一样,只是他们从恰好在同一时刻受精的卵子发育而来。在这种情况下,两个卵子会在子宫中同时生长。这类双胞胎不一定长得像,就像其他普通兄弟姐妹一样。

不管是哪类双胞胎,我们可能都会感觉到,两个孩子有伴一定很好——永远不会感到孤单,尤其是随着两个孩子的长大。然而,他们之间存在一个特殊的障碍,为了理解这一点,我们必须先谈谈婴儿的发育方式。在普通情况下,通过良好的管理,婴儿出生后立即开始形成其人格和个性基础,并开始发现自己的重要性。我们都喜欢无私、宽容的品质,并希望在孩子身上找到这些美德,但是,如果我们研究婴儿的情绪发展,就会发现,如果缺乏原始的自私经验作为基础,无私就不能以健康和稳定的方式出现。也可以说,如果没有这种原始的自私,孩子的无私就会被怨恨所堵塞。无论如何,这种原始的自私无非是婴儿对良好养育的体验。一个好母亲起初愿意尽可能地适应婴儿的欲望,允许由婴儿的冲动主导局面,并满足于等待婴儿的宽容逐渐发展。一开始,母亲必须能给孩子一种"占有感",一种他能控制她的感觉,一种母亲就是为这个场合而生的感觉。起初,母亲自己的私生活并不会强加给婴儿。有了原始的自私体验,婴儿以后将能够变得无私,而不会有太多怨恨。

一般来说,当婴儿单独出生时,每个小小人类都有足够的时间来了解母亲其他方面的权利。众所周知，每个孩子都会发现新生婴儿的到来是一个复杂的问题，有时甚至是一个严重的问题。不过，即便孩子在一岁前无法意识到新来的宝宝带来的陪伴，甚至到两岁时开始互殴，无法一起玩耍，母亲也不必担心。事实上，每个婴儿都需要一些时间来迎接小弟弟小妹妹。当一个孩子真正"允许"母亲怀孕（也就是说，"给"母亲一次再怀孕的机会）时，重要的时刻也就到来了。

而对双胞胎而言，他们从出生开始就需要与彼此相处，这与其他孩子慢慢接纳另一个新的家庭成员的过程截然不同。

此时，我们再次看到，如果有人认为一些小事情对几个月大的婴儿没有影响，这会带来很多谬误。事实上，双胞胎是否各自感觉到自己一开始就是独自占有妈妈，这一点至关重要。双胞胎的母亲有一个额外的任务，那就是将自己的全部同时交给两个孩子。从某种程度上说，她注定会遭遇失败。所以，双胞胎的母亲只能满足于自己尽心尽力了，剩下的就是希望两个孩子能最终找到方法，弥补双胞胎这种先天的劣势。

让一个母亲同时满足两个婴儿的即时需求，这是不太可能的。比如，无论是喂奶、换尿布，还是洗澡，都必须有个先后顺序。母亲要尽量做到公平公正。如果她从一开始就认真对待此事，未来一定会获得回报。不过，这绝不是一件容易做到的事情。

事实上，妈妈很快就会发现，自己的目标不是对两个孩子一视同仁，而是将每个孩子都当成唯一的孩子来对待。换句话说，从婴儿出生的时候，妈妈就要设法找出两个孩子的差别。比起其他任何人，妈妈最应该毫不费力地区分开两个孩子，哪怕一开始不得不借助皮肤上的一小块胎记或别的什么办法。通常，妈妈会发现两个孩子的气质并不相同。如果母亲和每个孩子相处时都表现出完整的自我，那么，他们都能发展出自己的个性特点。一般来说，双胞胎的困境有一大部分来自这样一个事实，他们经常被视为同一个人，即便他们并不相同。这一部分是因为别人觉得好玩，另一部分是因为没有人愿意费力气去区分他们。我知道一个很好的家庭，但女主人从来不试图区分两个双胞胎女儿，尽管其他孩子都能轻松辨别出她俩。事实上，两个孩子的性格大相径庭，但母亲总习惯于合称她们"双胞胎"。

把两个孩子分开，母亲照顾一个，保姆照顾另一个，这并不是解决问题的好办法。你可能有充分的理由，不得不将照顾孩子的责任分散出去，比如说妈妈身体不好。但是，这并不能解决问题，因为总有一天，由别人抚养的那个孩子会非常嫉妒由母亲亲自抚养的孩子，即使别人做得比母亲还要好。

双胞胎的母亲似乎都会同意，即使双胞胎有时候觉得被人弄错很好玩，但是，他们总希望妈妈能够轻轻松松区分自己。在任何情况下，孩子都不应对自己的身份心生疑惑，这一点很关键。因此，生活中就必须有人对他们的身份一清二楚。我认识的一个母亲，生了一对同卵双胞胎，在外人看来，两个孩子完全一样，但妈妈一开始就能毫不费力地区分他们，因为两个孩子脾气迥然不同。孩子出生一周左右，母亲有次喂奶时换上了一条红色披肩，与平时打扮不一样。双胞胎中的一个孩子马上有所反应，直勾勾地盯着鲜艳的披肩，甚至忘了吃奶。而另一个孩子对披肩不为所动，继续吃着奶。此后，母亲不仅发现他们是两个不同的人，还意识到他们不再共享同样的经历了。这位母亲就此解决了"谁先吃奶"的难题，她会按时做好哺乳准备，然后看哪个孩子更急，就喂哪个。这一点很容易判断，通过哭声就可以了。我举这个例子的意思并不是说这种方法适用于所有双胞胎家庭。

当然，抚养双胞胎的主要难点在于要"量体裁衣"，充分认可每一个孩子的整体性和唯一性。即使真有一对一模一样的双胞胎，也依然需要母亲与他们每个人分别保持完整的亲子关系。

刚才我提到的这位母亲曾经告诉我，她有个好点子，让一个孩子睡在前院，另一个睡在后院。当然，你不一定拥有两个院子，但或许也可以做些类似的安排，以免一个孩子哭的时候把另一个也带哭了。万一两个孩子一起哭，你一定会觉得他们很可怜，但也别忘了，哭声是婴儿想掌握局面的武器。在生命初期，当两个婴儿都想掌握局面时，竞争对手的存在足以让他们发狂。而且，据我所知，竞争可能会影响双胞胎的一生。

前文提到过同卵双胞胎，人们认为，如果两个孩子是同卵双胞胎，他们就会一模一样，合起来就是同一个人！这种说法何其荒谬！他们的确很像，但并不一样。人们总将他们视为一模一样，这会带来一些危险，因为这会让双胞胎对自己的身份感到困惑。除了双胞胎之外，别的婴儿也会对自己的身份感到困惑，必须随着慢慢成长才能搞清楚自己是谁。众所周知，小孩学会说话之后，需要一段时间才能学会使用代词。他们先学会说"妈妈""爸爸""还要""狗狗"等，再过很长时间，才渐渐学会说"我""你"和"我们"。双胞胎坐在婴儿车里的时候，很可能没把对方当成另一个人，而是将其当成镜子里的自己，不会（用婴儿的语气）说："你好呀，对面是我的双胞胎兄弟。"然而，如果有人将其中一个从车里抱出来，另一个会感到失落和受骗了。每一个婴儿都可能遇到这种问题，而双胞胎则必然会遇到。此时，他们只能希望大人发挥作用，帮助他们将彼此区分开来。再长大一些，等他们对自己的身份相当有把握了，就可能喜欢利用这种相似性。然后，他们才会享受"猜猜我是谁"或"互换身份"的游戏。

最后，双胞胎喜欢彼此吗？这是每对双胞胎都会被问到的问题。有人认为，双胞胎特别喜欢彼此，但我觉得这种看法有待商榷。他们的确习惯了彼此的陪伴，享受一起玩，不想分开，但这不足以让他们确信自己非常喜爱对方。突然某一天，他们会发现自己恨对方入骨，最后，可能他们又开始爱对方了。当然，并非所有双胞胎都是如此，但是，如果两个孩子不得不长期生活在一起，在有选择的情况下，他们可能宁愿从来不认识对方。在恨意有机会表达之后，爱才有机会存在。所以，重要的是，不要想当然地认为，凡是双胞胎就愿意一生厮守。

事实上，有些双胞胎愿意，也有些双胞胎不愿意。他们甚至可能感谢母亲或类似麻疹这样的偶然事件将他们分开，毕竟，独自成长为一个完整的人比起和双胞胎一起要容易得多。

第二十二章
孩子为什么要玩游戏

孩子为什么要玩游戏？个中原因当然很多，但也值得好好讨论一下。

大多数人会说，孩子要玩游戏，是因为他们喜欢玩——这当然无可否认。孩子喜欢各类身体游戏和情感游戏，我们可以通过提供材料和创意来帮助孩子拓展这两种游戏的范围。不过，大人提供的内容越少越好，因为孩子很容易就能找到材料、发现新的游戏，而且他们非常享受这个过程。

人们常说，孩子能在游戏中"消除仇恨和攻击性"，仿佛攻击性是某种能够被消除的有害物质。在一定程度上，这是对的，因为在孩子看来，郁积起来的仇恨和愤怒体验的结果就像体内产生的糟糕的东西。然而，更重要的是，应该这样表述：孩子重视的是，可以在熟悉的环境中表达仇恨或攻击性的冲动，而不用担心受到愤怒或暴力反击。从孩子的角度来说，好的环境应该能够容忍攻击性的存在，只要其表达方式可以被人接受。如果隐藏、否定攻击性的存在，会给孩子一种极不诚实的感觉。

攻击性也可以令人愉快，但它不可避免地伴随着对某人真实的或想象的伤害。所以，孩子必须面对这个复杂的问题。从某种程度上说，这个问题从源头上得到了解决，因为孩子可以按照一定的准则以游戏的方式（而非一味愤怒）表达攻击性的感觉。另一个办法就是将攻击性用在以建设性为终极目标的活动之中。不过，此事不能操之过急，需要慢慢发展。大人有责任，要确保不能忽视孩子用游戏（代替愤怒）来表达攻击性情感的社会贡献。没有人喜欢被人憎恨或被人伤害，但我们一定不能忽视愤怒冲动的背后存在着自律的基础。

不难看出，孩子游戏是为了开心，但比较难看出的是，孩子游戏也是为了控制焦虑情绪，或者控制导致焦虑的想法和冲动。

焦虑一直是儿童游戏中的一个因素，而且往往是主要因素之一。过度焦虑会迫使孩子去游戏，或者重复同一个游戏，或者过分追求游戏带来的快乐。如果焦虑过头了，游戏就变成了纯粹对感官刺激的追求。

在这里，我们无须证明焦虑是儿童游戏的基础这一论点，重要的是看实际结果。如果说玩游戏只是为了开心，那么，完全可以要求他们放弃。然而，如果玩游戏是为了应对焦虑，那就不能要求孩子放弃，否则就会引发新的痛苦，导致真正的焦虑，或者催生抵抗焦虑的新手段。

游戏是孩子生活的一大方面，孩子能在游戏中获得经验。内在和外在的体验都能让成年人感到充实，而对孩子来说，这种充实主要源自游戏和幻想。成年人的人格是通过生活经历发展起来的，而孩子的人格则是通过自己游戏、与其他儿童和成年人一起游戏而发展起来的。通过在游戏中充实自我，孩子对外部真实世界的丰富多彩的感受能力也不断发展。游戏是创造力的有力证明，也是生命力的充分证据。

成年人认识到了游戏的重要地位，就可以参与进来，教孩子玩传统游戏，同时不要束缚或破坏孩子们自己的创造力。

一开始，孩子都是独自玩耍或者与妈妈一起玩，并不急于寻找其他孩子当玩伴。然而，正是通过游戏，其他孩子参与预设角色，孩子才开始接受他人的独立存在。有些成年人在工作中很容易交到朋友，有些成年人在工作中很容易树敌，而另一些人常年待在家里，成天琢磨为什么没有人愿意与自己交往。孩子也是一样，积极参与游戏的孩子容易交朋友或树敌，但离开了游戏，他们也很难交到朋友。游戏为情感关系的建立提供了一个组织，让孩子接触社会的能力得以发展。

游戏、艺术熏陶和宗教实践，以各不相同但相互关联的方式促进孩子形成完整统一的人格。例如，游戏很容易被视为一种纽带，将个体与内在现实的关系、个体与外在现实的关系勾连起来。

从另一个角度来看这个极为复杂的问题，我们发现，孩子通过游戏将想法和身体功能联系起来了。在这方面，研究其他感官开发以及从属于这些行为有意识和无意识的幻想，并将其与真正的游戏进行比较，这种做法是十分有益的。在真正的游戏中，有意识和无意识的想法占据主导地位，而相关的身体活动要么暂停，要么被用于游戏之中。

游戏将生活的两大方面连接起来了,那就是身体功能和思想活力。在孩子努力保持完整人格的过程中,游戏可以替代感官享受。而众所周知,当焦虑到了一定程度,孩子就会强迫性地寻求感官刺激,无法再玩游戏了。

同时,如果有这么一个孩子,他与内在现实的关系以及与外在现实的关系没有很好地融合起来,人格在这方面存在严重的分裂,那我们可以清楚地看到,正常的游戏(就像回忆和讲述梦境一样)有利于人格的整合。人格严重分裂的孩子无法玩游戏,或者说,无法以常人理解的方式玩游戏。现在(1968年),我想加入四点看法:

(1)从本质上说,游戏是一种创造性活动。(2)游戏总能令人兴奋,因为它涉及主观和能被客观感知的事物之间不稳定的界限。(3)游戏发生在婴儿与母职人物之间潜在的空间中。这种潜在空间是指母婴关系之间所发生的变化。具体来说,原先与妈妈黏在一起的孩子开始感到要与妈妈分离了,这种空间也就出现了。(4)在这个潜在空间中,婴儿可以在不与妈妈真正分离的前提下体验分离,游戏正是基于这样的机会而慢慢发展的。这种体验之所以能变成现实,是因为与妈妈融为一体的状态逐渐被妈妈对婴儿需求的自我适应所取代。换句话说,游戏的开始与婴儿开始信任母职人物的生活体验有关。

游戏是一种"对自己诚实"的事情,就像成年人穿着打扮一样。然而,在孩子很小的时候,这一点可能走向另一个极端,因为游戏像说话一样,也可以用来隐藏自己的想法。当然,我指的是深层次的想法。潜意识中被压抑的部分一定要被隐藏起来，但其他部分却是每个人都想了解的内容。而游戏就像梦一样，能起到自我揭示的功能。

对年纪小的孩子进行精神分析时，我们发现，他们通过游戏进行沟通的欲望取代了成年人的言语沟通。一个三岁的孩子往往对成年人的理解能力抱有极大的信心，结果，精神分析师不断让他们失望了。这方面的幻灭会给孩子带来极大的痛苦，这也反过来给精神分析师带来了极大的刺激。可以说，没有什么比这个更能激励他们去进行更深入的研究了。

大一点的孩子对这方面已经完全幻灭了，对他们来说，被误解也不会带来太大的震撼，甚至发现自己也会骗人，而教育常常在教人如何欺骗、如何妥协时，也不会过度惊讶了。然而，所有孩子（甚至包括一些成年人）都或多或少具有重建信任的能力。在游戏中，我们总能发现通往潜意识的大门，也能发现通往纯真、诚实的大门。奇怪的是，纯真、诚实的品质在婴儿身上灿烂绽放，然后又逐渐萎缩，变回一朵花蕾。

第二十三章
偷盗和撒谎

有过几个健康孩子的妈妈都知道,每个孩子都会时不时冒出一些突出的问题,尤其在二到四岁的时候。有的孩子半夜大哭,害得邻居以为他受到了虐待;有的孩子拒绝接受清洁训练;有的孩子太爱清洁,太乖了,让妈妈担心他缺少主动性和进取心;有的孩子动辄发怒,甚至会用脑袋撞墙,憋住呼吸,直到脸色发青,让妈妈无计可施。类似的情况在家里时常发生,层出不穷。在众多令人不适的事情中,其中一件可能会带来特殊的麻烦,那就是偷盗的习惯。

小孩子经常从妈妈包里拿零钱,这通常算不上什么问题。孩子可能把包翻个底朝天,把东西弄得散落一地,妈妈对此十分宽容,通常不会生气,还会觉得有趣。有些妈妈甚至会准备两个包,一个放在孩子够不着的地方,另一个则专门留给孩子去探索。随着年龄增长,孩子不再玩这种游戏了,甚至不会再想到它。在母亲眼中,这是孩子健康成长的标志,也是孩子与妈妈、与其他人原始关系的一部分。

然而,有时候,当妈妈发现孩子拿了自己的东西并藏起来时，会感到很担心。这一点很容易理解，因为妈妈看到了另一个极端，即孩子长大了，开始偷东西了。家里出了一个偷东西的孩子（或大人），没有什么比这更令人不安的了。这样一来，家人之间会失去信任，不能随便放自己的东西，还得采取特殊措施来保护重要财物（如钱、巧克力、糖果等）。在这样的例子中，就意味着家里有人出了问题。很多人一想到"偷盗"就觉得很反感，很不安。除了遭遇过偷盗的经历之外，他们还发现，偷盗的念头会让他们不安，是因为自己曾在童年时与偷盗欲望进行过激烈的斗争。正是因为对偷盗的厌恶，妈妈有时会对小孩子擅自拿自己的东西表现出不必要的担心，其实这是很正常的行为。

仔细想想，你就会发现，在一个正常家庭中，也就是没有病态"小偷"的家庭中，大量偷盗行为都在持续发生，只是它不被称为"偷盗"而已。比如，孩子去食品柜里拿一两个小面包，或者自己从橱柜里拿一块方糖。在一个良好的家庭中，没有人会称这种孩子为小偷（可是，在护理机构中，类似情况可能会受到惩罚，因为他们会有相关规定）。父母也许有必要设立规则，以便维持家庭的良好运转。比如，可以制定这样的规则：孩子可以随便去拿面包或某种类型的蛋糕，但不能拿另一些类型的蛋糕，也不能从储藏柜中翻糖吃。这样的事情会反复发生，而家庭生活在某种程度上就是要处理父母子女在类似这方面的关系。

比如，一个孩子经常偷拿苹果，自己不吃，而是立马送给别人。这是一种不健康的强迫行为。你可以称之为"小偷"。可是，他自己也不知道为什么要这么做，如果非要他说个理由，这孩子就会说谎。问题是，这个男孩到底在做什么？（当然，小偷也可能是女孩，这里只是为了叙述方便姑且称之为男孩。）这个小偷的目的并非战利品，而是在寻找一个人。他在寻找他的母亲，只是他自己并不清楚而已。对这个小偷来说，真正能带来满足感的不是名牌自来水笔，不是邻居家的自行车，也不是别人果园里的苹果。这类不健康的孩子无法享用偷来的东西，他只是在将一个幻想付诸行动，而这个幻想属于他的原始的爱的冲动。可是，他能做的最多也只是享受一下将幻想变成行动的过程，享受一下技巧的运用。事实上，他在某种程度上与母亲失去了联系，母亲可能还在，也可能不在。她甚至可能是一个完美的好妈妈，能给孩子所需的全部的爱。然而，从孩子的角度来看，还是有些东西缺失了。孩子也许很喜欢母亲，甚至爱上了母亲。但是，出于某种原因，他在更原始的意义上失去了她。于是，这个偷东西的孩子又变成了一个寻找妈妈的婴儿。或者说，在寻找一个让自己有权去偷盗的人。实际上，他在寻找那个能让他拿东西的人。这就像婴儿或者一两岁的小孩子一样，他能从妈妈那里拿东西，只是因为她是妈妈，他有权利这么做。

还有一个基本的观点，他的母亲确实属于他，因为母亲是他创造出来的。他对妈妈的概念源自逐渐发展的爱的能力。假设有这么一位太太，她已经有了六个孩子，然后又生下了婴儿约翰尼。她喂养他，照顾他，然后又生了一个孩子。从约翰尼的角度来看，从自己出生开始，妈妈就是由他创造的一件东西。通过主动适应孩子的要求，她让他明白了什么是明智的创造，因为她这个活生生的人就在这里。妈妈给他的东西必须是主观的，必须是他想象出来的东西，因为"客观"对他来说还没有意义。最终，在追溯偷盗的根源时，我们总能发现，小偷需要重新建立与外部世界的关系，而前提则是重新找到那个甘于奉献、理解他、愿意积极适应他的需求的人。实际上，这个人给了他一种幻觉，让他认为这个世界上有他想象出的东西，让他能够把想象出来的东西置于与他人共享的外部世界。在这个世界，有一个愿意为他奉献的人。

这个观点有什么实际意义呢？意义在于，每个健康的婴儿最初都会在心里创造一个主观的妈妈，随着成长，他们才能慢慢感知客观、真实的妈妈。这个痛苦的过程被称为"幻灭"。我们没有必要主动让孩子幻灭。更确切地说，一个平凡的好妈妈会努力不让孩子幻灭。如果幻灭必然发生，也必须在妈妈觉得孩子能够承受并乐于接受的情况下发生。

从妈妈包里偷零钱的两岁孩子是在扮演一个饥饿婴儿的角色，他认为妈妈是自己创造的，所以有权利去动妈妈和妈妈的东西。而幻灭很快就来临了。比如，一个新生儿的来临是一种可怕的冲击，哪怕他为妹妹的到来做好了准备，并且对她颇具好感。新生儿的降临，让孩子原以为是自己创造了妈妈的想法幻灭了，而这就很容易引发一段时间的强迫性偷盗。你会发现，孩子对占有妈妈不那么感兴趣了，转而开始强迫性地拿走东西并藏起来，尤其是甜食。不过，孩子并没有从吃这些东西中获得多少满足感。如果父母明白这种强迫性偷盗的意义，就会理智行事。他们会容忍这种情况，确保这个满脸嫉妒的孩子每天至少能得到一定时间的特别关注，而且每周还能得到一个硬币。最重要的是，理解这种情况的父母不用严厉训斥孩子，不会逼他认错，因为他们知道，如果这么做了，不仅无助于改变孩子的偷盗行为，还会导致孩子开始说谎。后者可能完全由父母错误的行为导致。

以上都是在普通的健康家庭中常见的事情。在绝大多数情况下，事情都能得到合理处置，暂时出现强迫性偷盗行为的孩子也会恢复正常。

不过，父母对孩子的管理模式会带来不小的差异。有的父母很了解眼下的情况，尽量避免采取不明智的措施；有的父母则认为必须在偷盗早期"治好"这个问题，否则，孩子长大后就可能真的成为小偷。即使事情最终得以解决，如果对这类细节处理不当或管理不善，孩子也会遭遇不必要的巨大痛苦。而孩子成长过程中，无法避免的痛苦已经太多了，不仅仅表现在偷盗行为这一个问题上。事实上，在各个方面，那些遭受了太多或太突然的幻灭的孩子，都会稀里糊涂做出一些强迫性的行为，比如拒绝按时排便、破坏花园里的植物、把东西弄得乱七八糟等。

有些父母觉得他们必须弄清楚这些行为的根源，必须让孩子解释清楚为什么这样做，这无疑大大增加了孩子的困难，而这些困难本来就难以逾越。孩子无法给出真正的原因，因为他自己也不清楚为什么这么做，结果可能是他不但不会因父母的误解和责备而产生严重的内疚感，反而会变得分裂——一部分非常严格，另一方面则被邪恶的冲动所控制。孩子不再感到内疚，而是成为人们口中的骗子。

然而，一个人的自行车被盗，其震惊程度并不会因为知道小偷在无意识地寻找妈妈而有所减轻。这完全是另一回事。受害者当然会出现报复情绪，但任何对不良行为儿童感情用事的企图都只会适得其反，结果只能加剧社会对小偷的敌对情绪。少年法庭的法官不能仅仅认为小偷心理不健康而忽视其违法行为的反社会本质，也不能忽视其引发的民愤。事实上，当我们请求法庭认可小偷心理不健康这一事实，并减轻处罚时，正在给社会施加巨大的压力。

当然，还有许多偷盗行为永远不会被送上法庭，因为平凡的好父母已经在家将其圆满解决了。可以说，很小的孩子偷拿妈妈的东西，妈妈根本不会在意，而且做梦也不会称之为"偷盗"。在她眼中，这很好理解，是一种爱的表达。如果四五岁的孩子出现了强迫性偷盗行为，父母的容忍力当然会受到挑战。我们应该尽力帮这些父母理解事情的过程与内涵，帮助他们引导孩子去适应社会——这就是我表达上述观点的原因。当然，我有意识地将这一问题简单化了，这是为了让好父母和好老师更容易理解。

第二十四章
第一次尝试独立

心理学要么肤浅易懂，要么深奥难懂。在对婴儿初期活动及其睡前或不安时所使用的东西进行研究时，却出现了一个奇怪的现象——这些东西似乎存在于浅层与深层之间，存在于对明显事实的简单考察和对复杂潜意识领域的深入探究之间。因此，我想请大家留意婴儿是如何使用平时常见的物品的，从而让大家明白，从日常观察和平时的日常之中，就能了解很多东西。

我要讲的东西简单得就像孩子玩的玩具熊一样。每个带过孩子的人都能说出一些有趣的细节，这些细节和行为模式在每个孩子身上都独具特色，各不相同。

众所周知，一开始，婴儿往往都会把小拳头塞进自己嘴里，很快就会各自发展出一些模式，比如吸特定的一根或两根手指。与此同时，他会用另一只手去摸妈妈身上的某个部位，或是摸床单、毯子、毛料的一角，也可能会摸自己的头发。这里发生了两件事：一是吃手，这明显与兴奋的进食有关；二是远离兴奋的一个阶段，更接近于深爱。在这种充满爱意的抚摸中，婴儿可以与周边某个客体建立一种关系，后者对婴儿来说可能变得非常重要。从某种意义上说，这是婴儿的第一份财产，也就是世界上第一件属于他的东西，然而，它又不像手指、嘴巴一样是他身体的一部分。这件事非常重要！它说明，婴儿开始与世界发生关系了。

这些事情随着婴儿的安全感而发展，随着婴儿与他人关系的建立而发展。它们是婴儿情感发展顺利的证据，也是婴儿关系记忆开始形成的证据。这些事情在婴儿与客体（我将其称为过渡性客体）新建的关系中可以再次利用。当然，这不是说客体本身具有过渡性，而是代表着婴儿从与妈妈融合的状态过渡到与妈妈分离的状态。

尽管我很想强调这些现象所代表的健康意义，但不想给人留下这样的印象，即如果婴儿没有培养出我所描述的那些兴趣，就一定出了什么问题。有些婴儿需要的只是母亲本人，而有些婴儿会找到一个足够好的，甚至是完美的所谓过渡性客体，只需要妈妈隐藏在背后就好。不过，婴儿常常会迷恋某个客体，这个客体很快就有了自己的名称。探究这个名称的来历很有趣，它往往源自婴儿开口说话很久之前的某个词语。很快，父母、亲人就会送给孩子很多柔软的玩具，或许是因为成年人自己喜欢吧，这些玩具都会被做成动物或娃娃的形状。不过，在婴儿眼里，形状本身并不重要，重要的是材质和气味——尤其是气味。所以，父母一定要明白，不要轻易洗这些玩具。为了维持和平，平时很爱干净的父母常常不得不随时带着又脏又臭的玩具。这是因为，此时的孩子已经长大了一些，他希望玩具能够随时出现，希望有人能一遍一遍地把他从小床上扔出去的玩具捡回来，希望能随时拿着啃咬着玩。事实上，孩子可能以任何方式对待玩具，因为他受制于一种非常原始的爱的形式,混合了深情的爱抚与破坏性的攻击的情感。慢慢地,孩子的玩具越来越多,也有越来越多的玩具设计得类似动物或娃娃。随着时间的推移,父母会教孩子说"谢谢",这意味着孩子必须认识到,洋娃娃和玩具熊都来自外部世界,而不是他的想象世界。

回到第一个客体,比如一块方巾、一条羊毛围巾或妈妈的手帕,必须承认,从婴儿的角度来看,不应该要求他说"谢谢",也不应该要求他承认这件物品来自外部世界。在婴儿眼里,第一个客体的确就是源自他的想象世界。这是婴儿创造世界的开始。我们似乎不得不承认,对每个婴儿来说,都必须再造世界。作为人类的新成员,世界本身的样子毫无意义,必须得到重新创造,重新发现。

婴儿遇到压力时(尤其是睡觉之前),会搬出各式各样的东西,运用各种各样的办法,我们无法对此做出公允的评价。

一个女婴需要安慰自己的时候,喜欢一边吮吸拇指,一边玩妈妈的长发。等到她自己的头发够长时,她会用它代替妈妈的头发,遮住自己的脸,闻着头发的味道入睡。她一直都会这么做,直到她长大了,希望剪掉长发,好让自己看起来像个男孩。她很喜欢自己的短发,却没想到睡前感到非常烦躁。幸运的是,父母保留了她的头发,将其中一缕给她。她立刻像平时一样,将头发放在脸上,闻着味道,幸福地睡着了。

一个男婴很早就喜欢一条彩色的羊毛盖毯。还不到一岁,他就喜欢将毯子上的毛线拽出来,然后按照颜色分类。他对羊毛材质和颜色的兴趣一直持续,长大后就成了一家纺织厂的色彩专家。

上述例子的价值在于表明了健康的婴儿在面对压力和离别时，会出现的种种表现与技巧。几乎每个带过孩子的人都能举出类似的例子，每个例子都很有意思，值得研究，每个细节都很重要。有时，我们发现婴儿使用的不是客体，而是一些技巧，比如低声哼唱，或者更隐蔽的活动，如将看到的光线配对、研究边界之间的关系（在微风中轻轻摆动的两层窗帘，或是随着婴儿头部移动而改变的两个物体的重叠关系）。有时，婴儿也会用思考来替代这些看得见的活动。

为了说明上述情况都是正常的，我想请大家注意一下分离对孩子的影响。粗略地说，当妈妈或婴儿依赖的其他人离开时，婴儿不会立刻做出反应，这是因为婴儿心里还存在着一个妈妈的形象，至少可以顶替一段时间。如果妈妈离开的时间超过了一定限度，孩子内心里的妈妈也会逐渐消失。与此同时，所有过渡性现象都变得毫无意义，婴儿也无法再用它们来安慰自己。这时，我们会看到一个需要护理或喂奶的婴儿，如果他此时被单独留下，就可能会诉诸那些带来感官满足的刺激性活动。他会失去可以深情接触的中间地带。如果间隔时间不太长，那么，妈妈回归之后，婴儿又会在心里重建一个新的妈妈。不过，这可能需要一段时间。婴儿恢复对妈妈的信心，表现在中间地带活动的展开。如果之后婴儿感到被抛弃了，情况就会变得非常严重，比如不会玩耍，不会表达，也不会接受感情。在恢复期内，孩子也可能出现偷盗行为。从某种意义上说，他是在寻找过渡性客体，因为随着内心里妈妈形象的死亡或褪色，过渡性客体也不见了。

一个女婴总爱吮吸裹在拇指上的粗糙羊毛织物。三岁时，大人拿走了那块织物，她吮吸拇指的毛病也就"治愈"了。后来，她出现了严重的强迫性咬指甲行为。每次睡前，她都会强迫自己阅读，同时咬指甲。

十一岁那年，当她在别人的帮助下回忆起那块羊毛织物的纹样以及对它的依恋时，咬指甲的问题才解决了。

在健康状态下，从过渡现象、过渡客体到拥有完整的游戏能力，是一个演变的过程。我们很容易看出，游戏对孩子来说至关重要，游戏能力则是情感健康发展的标志。我想请大家注意，游戏的前身就是婴儿与第一个客体之间的关系。我希望父母能够明白过渡性客体是正常的，也是健康成长的标志，不要再为孩子外出时随身携带一些奇奇怪怪的玩具而感到不好意思了。不但不必鄙视这些玩具，而且应该尽量避免不小心弄丢。老话说，老兵不死，只会逐渐凋零。这些玩具也是如此。换句话说，它们会成为一组现象，延展到儿童的游戏、兴趣和文化活动的整个领域，而这一广阔的中间区域恰好处于外部世界和梦想世界之间。

显然，将外部现象与梦想分开是个很困难的任务。我们都希望能完成这一点，这样才算得上心智健全。尽管如此，每个人都需要有一个休息的空间，而这个空间就来自文化兴趣和活动。对小孩来说，要给予他们更广阔的空间，让想象在这一空间内占据主导地位。因此，一方面利用外部世界的资源，另一方面又保持梦想的张力，就成了儿童生活的主要特征。对刚刚踏上成人心智健全建设这条艰难之路的婴儿来说，要允许他们有一个中间地带，尤其是清醒和睡眠之间的中间地带。而我所提到的这些过渡性现象和客体都包含在最初给婴儿的休息区域之内。那时，我们并不指望他能清晰地分辨梦境与现实。

作为一名儿童精神科医生，我会接触孩子，看到他们画画、谈论自己和自己的梦境，我常常惊讶地发现，孩子都能轻易记得那些非常早期的客体。他们时常吓到父母，因为记得某些父母早已忘记的布料或稀奇古怪的东西。如果某个客体还在，可能只有孩子知道它究竟放在哪里。它可能在几乎被遗忘的旧物堆里，可能在抽屉最底层，也可能在壁橱最顶上。如果这个客体不小心被弄丢了，或者因父母不理解其真正意义而送给了其他孩子，孩子一定会非常难过。反之，有些父母非常懂得这些客体的意义，所以新生儿一出生，他们就拿起哥哥姐姐的过渡性客体塞给他，希望它对这个孩子也能起到同样的效果。当然，他们可能会失望，因为以这种方式出现的客体，不一定对另一个婴儿产生同样的作用。这得视情况而定。然而，以这种方式出现的过渡性客体有其危险性，因为这从某种意义上剥夺了新生儿的创造机会。如果孩子能自发利用家里的客体，给它命名，让它成为家中一员，就会对孩子的成长更有益。婴儿对这个客体的兴趣最终会延展到洋娃娃、其他玩具和小动物身上。

对父母而言，这个话题非常有趣，值得好好研究。父母无须成为心理学家，只要认真观察、详细记录这些客体和技巧在孩子中间区域的独特发展轨迹，就能大有裨益。

第二十五章
对普通父母的支持

看到这里，你一定发现了，我一直在讲述一些正面的事情。我没有具体介绍如何克服困难，也没有讲孩子出现焦虑迹象时、父母当着孩子的面吵架时，究竟应该怎么做，但我始终试图给普通父母提供一些支持，因为他们家里很可能都养着平凡而健康的孩子。要说的东西有很多，就从这里开始吧。

也许有人会问：为什么要这么费劲，不断地跟已经做得很好的人强调这些呢？那些碰到困难的父母才更需要帮助吧！好吧，我尽量不让这一事实将自己压垮，事实上，毫无疑问，在英国，在伦敦，甚至就在我工作的医院附近，困难无处不在。我非常了解这些困难，也了解普遍存在的抑郁与焦虑。然而，我的希望建构在稳定、健康的家庭基础之上，我也看到这样的家庭普遍存在于我的周围，构成了未来数十年社会稳定的唯一基础。

也有人可能会问：为什么要关注那些已经存在且让人心存希望的健康家庭？难道他们不会自我管理吗？对此，我有一个很好的理由，那就是：总有人想破坏美好的事物。如果你假设美好的东西就不会被人攻击，那当然是很不理智的。事实上，最好的东西要想保存下来，必须受到保护。人们在潜意识里往往都憎恨、恐惧好东西，其主要表现形式包括武断的干涉、琐碎的规矩、法律上的限制以及其他愚蠢的做法。

我并不是说父母都被官方政策束缚住了。英国政府千方百计赋予父母自由选择的权利，他们可以接受也可以拒绝政府提供的东西。当然，生老病死必须登记，某些传染病必须上报，五到十五岁的孩子必须上学。如果孩子触犯了法律，父母必须接受某些形式的惩罚。然而，英国政府也提供了大量服务（父母可以接受，也可以拒绝），比如幼儿园、天花疫苗接种、白喉免疫、产前产后检查、鱼肝油、果汁、牙科治疗，以及为婴儿提供的低价牛奶、为大孩子提供的学校加餐奶，等等，这些都不是强制性的。这些措施都说明，如今的英国政府确实认识到了这样一个事实，好妈妈才有权利判断哪些东西对自己的孩子好。当然，前提是妈妈要了解事实，接受过教育。

问题是，正如前文所述，并非所有公共服务的管理者都相信妈妈的能力，都信任妈妈比任何人更了解自己的孩子。医护人员常常对部分父母的愚昧无知感到惊讶，所以根本不相信他们具有别的智慧。医护人员对妈妈缺乏信任，当然是受其专业训练的影响，虽然他们是疾病、健康方面的专家，却未必了解为人父母的全部任务。当妈妈对他们的专业建议质疑时，他们会轻率地认为她仅仅是因为固执。然而真实情况是，妈妈确实知道，在孩子断奶期间，强行将他从妈妈身边带离送往医院，会造成相当大的伤害；她也知道，在儿子被送到医院做包皮环切手术之前，应该让他对这个世界了解得更多一些；她还知道，哪怕只是因为过度紧张，也可以给女儿打针或免疫接种（除非她真的得了其他传染病）。

医生决定给孩子做扁桃体手术，妈妈很担心，那怎么办？医生当然很懂扁桃体，但他往往难以说服妈妈，让她明白，医生真的知道让一个目前不觉得太难受且听不懂解释的小孩去做手术有多严重。如果可能，妈妈会坚持己见，不让孩子做手术。如果妈妈接受过儿童人格发展方面的教育，相信自己的直觉，她可以将自己的意见告诉医生，与医生共同商量方案。如果医生能够尊重父母的专业知识，就能轻松赢得他们对自己专业知识的尊重。

父母知道，自己的小孩需要一个简单的成长环境，直到他们能够理解复杂的意义，并能够接受复杂的现实。等到有一天，当孩子的扁桃体真的需要切除时，就可以完全无损于其人格发展地实施手术，他甚至可能在住院经历中找到兴趣和乐趣。可以说，他越过了巅峰，向前迈进了一步。然而，这次取决于他是什么样的孩子，而不仅仅是年龄。这一点只有和孩子亲密相处的妈妈才能判断，不过，医生有必要帮助妈妈进行思考和探索。

英国政府对父母实施的非强制性教育政策确实是明智的，下一步就是对公共服务管理人员进行培训，加深他们对普通妈妈的尊重，相信妈妈对孩子的情感及其直觉性的知识。关于自己的孩子，妈妈是专家。只要她没有屈服于权威，就会很清楚，在照顾孩子方面，怎么做是好的，怎么做是坏的。

从长远来看，任何否定父母是养育孩子的第一责任人的观点，都会危害社会的核心。

重要的是，个体在一个稳定的家庭里，从婴儿到儿童，再到青少年的成长经历。家庭认为自己有能力处理局部的问题，也就是微缩世界的问题。微缩世界……没错，但是在感情的强度和经验的丰富程度方面丝毫没有减弱。所谓微缩，只是减少了相对不那么重要的复杂性的方面而已。

如果我的作品最多只能帮助普通人在这方面比我做得更好一些，能为他们良好的直觉感受提供真实、恰当的理由，那我就很满足了。作为医护人员，我们应该竭尽全力为病人的身心健康提供帮助，呼吁政府竭尽全力为因故而陷入困境、需要关爱和保护的群体提供帮助。但是幸运的是，我们也别忘了，还有许多平凡的男女，尤其是在社会上有一些比较简单的人，不畏惧自己的直觉感受，我们也无须畏惧他们的直觉感受。为了激发父母最好的一面，必须让他们全权负责自己的事情，全权管理自己的家庭。

第三部分

外在世界

第二十六章
五岁以下儿童的需求

婴儿和幼儿的需求差别其实不大,这些需求都是与生俱来、固定不变的。

我们很有必要用发展的眼光看孩子,这也十分有益,对研究五岁以下的孩子尤其重要。因为四岁的孩子同时兼具三岁、两岁和一岁孩子的特点,而且与刚断奶、刚出生甚至仍在子宫中的婴儿差不多。孩子的情绪年龄就会这样进进退退。

就人格和情绪管理而言,从新生儿到五岁是一个漫长的历程,要完成这一历程需要具备一定的条件。这些条件不需要特别优越,因为随着孩子智力的发展,他慢慢能够接受失败,并通过提前准备来应对挫折。众所周知,儿童的个人成长所需条件不是静态的或一成不变的,而是随着婴儿或儿童的年龄及其需求的变化产生量和质的变化。

仔细看看健康的四岁孩子吧,白天,孩子在一定程度上像成年人一样世故。男孩会认同爸爸,女孩会认同妈妈,同时也会存在交叉认同。这种认同能力既表现在实际行动中,又表现为在有限的时间和范围内对责任的担当。在游戏中,它表现在婚姻生活、为人父母、教育孩子等一系列任务和乐趣中。同时，它还表现为这个年龄段特有的极其强烈的爱与嫉妒。它不仅存在于白天的幻想，更多地存在于孩子的梦境中。

这些都是健康的四岁孩子身上的一些健康元素，特别是考虑到源于儿童本能的生活强度。本能是兴奋的生物基础，兴奋的表现有其秩序。总的来说，先是紧张感的不断增强，再到高潮，最后是满足之后的适当放松。

五岁之前，孩子的梦热血沸腾，这是成熟的标志。在梦里，孩子处于三角人际关系的顶端。在热血沸腾的梦里，我们称之为本能的生物驱力被接纳。这个了不起的成就说明孩子的心理发展赶上了生理发展。所以在梦里以及在清醒生活背后的潜在幻想中，孩子的生理功能也卷入了固有的强烈的爱恨冲突之中。

这意味着除了身体尚未成熟带来的生理限制之外，性的全部内容都已包含在孩子的健康范围之内。通过梦、游戏等象征形式，性关系的细节成为童年时期的重要体验。

发展良好的四岁孩子需要拥有可以认同的父母。在这个重要的年龄段，强行给孩子灌输道德观念或文化模式并无好处。真正起作用的因素是父母本身、父母的行为以及父母的相互关系，这些都是孩子能够观察到的。孩子吸收了这些因素，或模仿，或对抗，或以多种方式运用于自我发展的过程之中。

此外，以父母关系为基础的家庭有一种特殊作用，也就是可以存续的功能。孩子表达出来的仇恨以及噩梦中出现的仇恨，都能被孩子接受，因为，事实上，尽管有最坏的情况发生，家庭仍然能因其最好的一面而维系。

然而，一个偶尔表现得特别成熟的四岁半孩子，可能会因为手指割破或意外跌倒而突然变回两岁，在睡觉之前可能显得更像个婴儿，需要大人安慰。任何年纪的孩子都需要充满爱的生理表现，这种爱是妈妈用子宫孕育胎儿、用臂弯拥抱婴儿时自然给予的。

事实上，婴儿一开始并不能认同其他人。完整自我的建立需要一个过程。在这个过程中，还需要有一种能力的逐步发展，能感受到外部世界和内部世界的关联，又能感受到外部世界与自我的差异。自我是独特的个体，没有哪两个孩子的自我是完全一样的。

对于三到五岁的孩子，首先要强调的是要有与年龄相符的成熟度，因为健康的婴幼儿一直会为成熟而努力，这对个体的未来发展至关重要。同时，不到五岁的孩子的成熟中也会有各种程度的不成熟的成分。这些不成熟的成分是健康的依赖状态的残留物，是所有早期成长阶段的特征。给出儿童不同发展阶段的看法，比试图描绘四岁孩子的综合情况容易得多。

即使是要做一个简练的陈述，也必须分离出下面的元素：

1.（家庭中的）三角关系。

2. 两人关系（妈妈向婴儿介绍这个世界）。

3. 妈妈与未整合状态的婴儿的关系（在婴儿感受到自己是一个完整的人之前，妈妈要将他看成一个完整的人）。

4. 以身体方式表达的母爱（母性技巧）。

1. 三角关系。孩子成为一个完整的人，就会卷入三角关系。在潜在的或潜意识的梦中，孩子会爱上父母中的一方，因此憎恨另一方。在某种程度上，这种憎恨会直接表达出来。如果孩子能将早期潜在的攻击性残留物全都聚集在一起，并以仇恨的方式表达出来，那他将非常幸运，因为这一点是可以接受的，毕竟其基础是原始的爱。然而，在某种程度上，这种仇恨又被孩子在梦里认同对手的能力所消化。在这里，家庭承载了孩子和孩子的梦。三角关系因此有了一种现实的形态，且保持不变。这种三角关系也存在于其他类型的亲近关系中，既允许核心主题向外扩展，也能让紧张情绪逐步缓解，直到在某些真实情境中变得容易管理。在这里，游戏特别重要，因为它既是现实，也是梦幻，可以让孩子体验各种各样强烈的感受，如若不然，它们只能封存在早已遗忘的梦里。游戏最终会停下来，玩游戏的孩子会收拾好玩具，一起坐下来吃茶，或者准备洗澡，听睡前故事。另外，在玩游戏时，总有一个成年人在附近间接参与，并做好准备控制局面。

研究"过家家""医生和护士""模仿妈妈做家务和爸爸上班"这样的游戏，对新的研究人员很有启发。对儿童梦境的研究需要特殊技能，但与简单地观察儿童游戏相比，前者更有助于研究人员深入潜意识领域。

2. 两人关系。在早期阶段，三角关系还没形成，婴幼儿只具有与妈妈之间更直接的两人关系。妈妈以极其微妙的方式向孩子介绍这个世界，换言之，妈妈会避开偶然事件的影响，在恰当的时机以恰当的方式向婴儿提供所需要的东西。我们很容易看出,在两人关系中,孩子处理尴尬时刻的空间比在三角关系中小得多。也就是说,在两人关系中,孩子的依赖性更强。尽管如此,他们还是两个完整的人,只是相互关联,相互依存。如果妈妈本人很健康,不焦虑、不抑郁、不糊涂也不孤僻,那么,随着母婴关系的日益充实,孩子的人格成长空间也会越来越大。

3. 妈妈与未整合状态的婴儿的关系。当然,此前婴儿的依赖程度更大。婴儿需要母亲每天都存在,整合他生命中非常重要却无法掌控的多种情感,如感动、兴奋、愤怒、悲伤等。此时的婴儿还没有成为一个完整的人,还身处妈妈怀中,仍在不断发展。如果有必要的话,妈妈可以在脑海里重温一下这一天对婴儿的意义,因为她很理解婴儿此时的处境。她在婴儿还无法感到"整合"的时候,就已经将孩子看成一个人了。

4. 以身体方式表达的母爱。更早的时候,妈妈把婴儿抱在怀中,这就是一种身体接触。对婴儿来说,早期的所有身体护理都具有心理意义。妈妈会主动适应婴儿的需要,而且,一开始这种适应就非常彻底。众所周知,母亲本能地知道婴儿哪些需求特别迫切。妈妈会用唯一一种不会导致混乱的方式,将世界介绍给婴儿,这种方式就是及时满足他的需求。母亲也会通过身体动作和给予身体满足等方式表达爱,让婴儿的灵魂安然居住在自己的身体里。此外,母亲还会通过育儿护理技术表达对婴儿的情感,建构自己的形象,以便不断成长的婴儿更好地识别。

认识到婴儿的这些需求,是讨论在家庭模式中观察到的各种变化对孩子的影响的基础。考虑到这些需求的不断变化性,这些需求以其各自的方式是绝对不可或缺的。无法满足这些需求将会扭曲儿童的发展。这里有一个公认的真理，即需求的类型越原始，个体对环境的依赖程度越高，而无法满足这些需求的结果就会越具灾难性。婴儿的早期管理绝不能仅限于有意识的思考和深思熟虑的计划，必须通过爱才能实现。有时，我们说婴儿需要爱，是指只有爱婴儿的人才能根据其需要做出必要的调整，也只有爱婴儿的人才能积极吸取失败的教训，从而不断促进婴儿能力的发展。

对五岁以下的孩子而言，基本需求因人而异，但基本原则不会改变。这一事实适用于人类的过去、现在和未来，适用于世界上的每一个角落，每一种文化。

父母及其养育意识

如今，年轻父母似乎拥有一种很不一样的养育意识，甚至还没有反映在统计调查中。现代父母会等待、会计划，也会阅读。他们知道，自己最多只能给两三个孩子恰当的关注，所以会用最好的方式进行有限的养育工作，那就是亲手带孩子。当一切进展顺利时，结果会出现一种直接的亲子关系，其本身的强烈程度和丰富程度就足够惊人了。可想而知，没有护理人员的确会造成一些特殊的困难。而这也让父母和孩子的三角关系成为现实。

可以看到，一心想让孩子在心理健康的道路上起步顺利的父母，通常本身就是个人主义者，而个人主义不可或缺的部分就是父母进一步的个人发展。在现代社会，伪装成好父母的现象有所减少。

这些觉得自己对养育工作有责任的父母为婴幼儿提供了丰富的环境。此外,如果有真正可靠的帮助,这些父母也会利用它。但前提是,这种帮助一定不会损害父母的责任感。

新生儿的出生对大孩子来说可能是一次宝贵的经历,也可能是一个巨大的麻烦。如果父母愿意提前花些时间考虑这个问题,就能避免不必要的错误。然而,不要以为通过思考,我们就能防止爱、恨和忠诚上的冲突。生活是艰难的,对于普通的三到五岁的健康孩子更是如此。幸运的是,生活也是有奖励的,在这个小小的年纪,只要家庭能让孩子感觉稳定,孩子从父母的人际关系中获得幸福和满足的感觉,生活就会充满希望。

那些立志当好父母的人承担了一项重大的任务,而且还可能毫无回报。很多偶然情况都可能夺走父母的成功。幸运的是,与几十年前相比,现在生理疾病的风险降低了许多。如今的父母愿意研究孩子的需求,这也确实管用。但是,必须记住,如果父母之间的关系出了问题,父母无法仅仅因为孩子需要他们保持稳定的关系就继续相爱。

社会及其责任感

当今社会对婴幼儿护理的态度发生了极大的变化。现在,人们认识到,婴儿期和儿童期奠定了人们心理健康的基础。在成年人能够认同社会而不丧失自我重要性的情况下,心理健康是最终成熟的基础。

20世纪上半叶,儿科的巨大进步主要集中在身体方面。当时的普遍观念是,如果孩子的身体疾病可以预防或治愈,那么就不会出现什么心理问题。儿科仍然需要超越这一基本原则,必须找到一种在不放松身体健康护理的情况下关注心理健康的方法。约翰·鲍尔比博士专注于一个研究领域,即母子分离对幼儿的不良影响。在过去的几年中,他的研究工作推动了实践层面很大的变化,因此,母亲现在去医院探望住院的孩子,尽可能避免母子分离。此外,对贫困儿童的管理政策也发生了变化,取缔寄宿托儿所、发展寄养家庭等。但是,在这些问题上进行合作的儿科医生和护士,仍然不够理解要让孩子与父母保持持续关系的原因。然而,如果认识到避免不必要的母子分离可以防止许多精神疾病,就是向前迈出的重要一步。目前,我们仍然需要做的是,更好地理解如何在正常家庭环境中建立孩子的心理健康。

同样,医生和护士非常了解怀孕和分娩的生理知识,也很懂得婴儿在出生后几个月里的身体健康状况。然而,他们不知道如何顺利开启第一次母乳喂养,因为这是一个微妙的问题,超出了规则和规定的范畴,只有母亲自己才能知道如何做到这一点。可是,当母亲刚开始找到正确的办法带孩子时,其他领域专家的指手画脚,往往会导致非常大的痛苦。

我们需要明白,与父亲或母亲相比,在该领域受过培训的工作人员(如产科护士、健康随访员、幼儿园教师等,他们都是某一领域中的专家)未必人格更成熟,而父母对某一具体问题的判断可能比他们更合理。如果理解了这一点,就不会造成任何困难。专业的工作人员是必要的，因为他们掌握了特殊的知识和技能。

一直以来，父母需要的是了解现象背后的根本原因，而不是建议，也不是关于程序的指导。父母也必须有尝试和犯错的空间，这样他们才能从中学习和进步。

目前，社会案例工作在心理学领域得到了传播，虽然通过接受广泛的管理原则，可以证明其在问题预防方面的价值，但对正常或健康的家庭生活却造成了一些威胁。明智的做法是，我们要记住，国家的整体健康水平取决于健康的家庭单位，要做到家庭健康，父母都应该是情绪发展成熟的人。因此，这些健康的家庭是神圣的领地，除非真正了解积极的价值观念，否则不得擅自进入。然而，健康的家庭单位需要更大群体的帮助。父母一直致力于他们自己的人际关系，他们依靠社会来获得自己的幸福的同时，也达成了融入社会的目的。

兄弟姐妹的相对缺乏

如今，家庭模式发生了重大变化，不仅兄弟姐妹的数量减少了，表亲也减少了。不要以为玩伴就相当于表亲。孩子与母亲的两人关系、与父母的三人关系，都会逐渐向更广阔的社会关系转移，在这一过程中，血缘关系至关重要。可以预料，现代儿童往往得不到大家庭时代所能提供的那种帮助。对孩子来说，没有一个可以亲近的表亲肯定是很常见的现象；而对独生子女来说，这是一个严重的问题。如果上述原则得到了认可，就可以说，我们能给现代小家庭的主要帮助是扩大关系和机会的范围。托儿所、幼儿园和日间托儿所可以提供很多帮助，前提是规模不能太大，人员配备得当。我所指的不仅是充足的人员配置，还包括要对工作人员进行婴儿和儿童心理方面的培训。父母可以利用孩子去上托儿所的时间休息一下，也可以扩大孩子与成人、与其他幼儿的关系范围，扩大玩耍范围。

如果日夜和孩子待在一起，许多正常或基本正常的父母都会对孩子感到烦躁，但如果给他们一些时间独处，他们就能在剩余的时间里对孩子很好。我特别提醒大家注意这一点，因为在我的临床实践中，当母亲为了自己的健康和平静而寻求兼职工作时，她们总是需要得到帮助。这里有很多争论的空间，但在健康的家庭（我希望这不是一种罕见的现象），父母完全可以灵活决定孩子的幼儿园或日间托儿所出勤率。

英国的幼儿园教育已经达到了很高的标准。我们的幼儿园在世界上处于领先地位，部分原因是受到了玛格丽特·麦克米兰和我已故朋友苏珊·艾萨克斯的影响。此外，对幼儿园教师的教育也影响了对后来各年龄组教学的整体态度。如果看不到一所真正适合帮助健康家庭的幼儿园的进一步发展，那真的是太悲惨了。相比之下，日间托儿所并非主要为婴儿设计，相关部门也不一定对人员或设备配置感兴趣。日间托儿所比幼儿园更有可能受到医疗部门的主导。作为一名医生，我很遗憾地说，他们有时似乎认为身体成长和免于身体疾病才是最重要的。尽管如此，只要配备了合适的人员和设备，日间托儿所也能像一所真正的好幼儿园那样发挥其应有的作用。最重要的是，它能让疲惫、焦虑的母亲成为足够好的母亲，因为她们可以借此机会调整一下。

  日间托儿所会继续得到官方的支持，因为它们对困境中的社会具有更明显的价值。只要给它们提供充分、合适的设备和人员，就不会伤害健康家庭的正常孩子。最好的幼儿园是如此之好，以至于现代的好家庭可以利用它来合理地扩大原本孤独的孩子的活动范围。好的幼儿园满足了健康家庭的需求，它对社区有着非常特殊的价值，尽管这种价值是无形的，也很难在统计数据中体现出来。只要我们认真对待当下，社会就会有未来；只要我们重视健康家庭的建设，社会就会有未来。

第二十七章
论影响和被影响

毫无疑问，在科学研究人类的道路上，有一块巨大的绊脚石，那就是人们很难认识到潜意识感受的存在及其重要性。当然，人们的表现告诉我们，他们对潜意识有所了解，比如说，他们知道想法如何产生而又消失，失去的记忆怎样恢复，或者唤起善意或恶意的灵感是怎么回事。但是，这种对事实的直觉认知与对潜意识及其作用的理性评价之间有很大的区别。对潜意识情感的探索需要巨大的勇气，这一发现将永远与弗洛伊德的名字联系在一起。

我们需要勇气，是因为一旦接受了潜意识这个事实，我们就走上了一条迟早会让我们陷入痛苦的道路——我们会认识到，无论我们如何试图将邪恶、兽性和不良影响视为自身之外的东西，或从外部来的冲击，最终我们都会发现，无论人们做了什么，事实上，这些都存在于人性本身，就存在于我们内部。当然，有害的环境确实存在，但如果我们有一个良好的开端，那么在应对这种环境时遇到的困难就主要来自内心存在的本质冲突。这一点，人类早就在直觉的闪现中知道了。有人可能会说，从第一个人自杀以来,我们就已经知道了。

当然,人类也不容易接受来自自己天性的有益影响,而是将其归功于上帝的恩赐。

因此,我们思考人性问题的能力很可能被我们对真相的恐惧所阻挡。

在承认人类本性中具有潜意识和意识两方面的背景下,我们可以研究人类与利益的关系细节。这一宏大主题的一个方面可以概括为"影响"与"被影响"的关系。

研究人际关系中的影响力,对老师来说一直很重要,对研究社会生活和现代政治的学生来说也有特别的意义。这项研究让我们或多或少考虑了潜意识的感觉。

有这样一种人际关系,对它的理解有助于阐明某些与影响有关的问题。这种人际关系起源于个体生命的早期,那时,一个人与另一个人的主要接触发生在喂奶时。与普通的生理性喂养并行的是,孩子对环境中的人、事、物的吸收、消化、保留和排斥。尽管孩子长大之后,能够发展出其他类型的关系,但这种早期的关系或多或少会贯穿其一生。在我们的语言中,有许多单词或短语既可以用来描述人与食物的关系,也可以用来描述人与不可食用的东西的关系。考虑到这一点,再看看我们正在研究的问题,也许可以看得更深远、更清楚一些。

很明显,可能有不满足的婴儿,也可能有迫切希望孩子接受自己的奶水却被拒绝的母亲。同样,在人际关系中,有些人像婴儿一样总也不满足,有些人时常在与其他人的关系中感到沮丧。

例如，有人会感到空虚，而且他害怕感到空虚，更害怕空虚会让自己胃口大开。这个人可能因为某个已知的原因而空虚：一个好朋友去世了，或者一些有价值的东西丢失了；或者出于一些更主观的原因，他感到沮丧。这样的人需要找到一个新的客体来填补空虚，用新人取代失去的人，或者用一套新的想法或新的哲学来取代失去的理想。由此可见，这样的人特别容易受到影响。除非他能忍受这种沮丧、悲伤或绝望，并等待自行恢复，否则他必须去寻求新的影响，或者屈服于任何碰巧发生的强大影响。

我们也很容易刻画出另一种人，这种人有强烈的付出愿望，喜欢满足别人，深入他们的内心，切实地向自己证明自己的所作所为都是好的。当然，对这种付出，他的潜意识中是有着怀疑的。这样的人一定愿意通过教学、组织宣传、影响他人的行为来达到自己的目的。这样的人如果做了母亲，很可能会过度喂养，或急于指导她的孩子，这种急切的渴望和前文所描述的焦虑的饥饿之间存在着联系。这种人害怕别人有饥饿感。

毫无疑问，正常的教学正是沿着这些路线展开的。在某种程度上，我们所有人都需要为维持自己的心理健康而工作，包括老师、医生和护士。驱力的正常与否在很大程度上取决于焦虑程度。但是，总的来说，我认为学生更希望老师没有这种迫切的教学需求，希望老师的教学需求与其个人困难保持一定的距离。

现在，可想而知，当这些极端情况相遇——沮丧的给予者遇到沮丧的接受者，会发生什么呢？一个人空虚而焦虑地寻求新的影响，另一个人则渴望进入某人内心并施加影响。在极端情况下，可以说，一个人吞下了另一个人，结果可能是一出相当滑稽的闹剧。这样一个人与另一个人的结合，可以解释常见的虚假成熟情况，也可以解释为什么有人似乎一直在装腔作势。扮演英雄的孩子可能表现得很好，但这种表现似乎不太稳定。另一个孩子则可能用糟糕的方式扮演一个令人又敬又怕的恶棍。你觉得这种坏不是天生的，似乎是强迫性的，孩子只是在扮演一个角色而已。我们也常发现，一个患病的孩子其实是在模仿某个他深爱着的刚刚病逝的人。

可以看出，影响和被影响的亲密关系似乎是一种爱的关系，而且很容易被误认为是真实的爱，尤其是在当事人自己看来。

大多数师生关系处在两个极端之间。老师喜欢教学，并从成功的教学中获得安慰，但他并不一定需要成功才能改善自己的心理健康状态；学生可以享受老师所提供的一切，不必因焦虑而被迫模仿老师，牢记学到的一切，或相信任何一位老师所教的任何东西。老师必须能够容忍学生的质疑，就像母亲要容忍孩子们各自的饮食习惯一样，而学生也必须能够容忍无法立即得到自己想要的可靠答案。

由此可以看出，一些最热心的老师在与学生的实际工作中可能会受到限制，这正是因为他们的敏锐性，因为这种敏锐性会让他们无法容忍孩子们对教学内容进行筛选、检验，甚至拒绝。在实际工作中，这些情况虽然很令人讨厌，但也不可避免，除非是用不健康的方式压制学生的一切。

同样的考虑也适用于父母抚养子女的方式。事实上，如果将影响与被影响的关系作为爱的替代品,那么,它对孩子产生的影响越早,后果就越严重。

如果一个女人希望成为母亲,却不愿意在孩子极度渴望排便的时候满足孩子想要立即排便的冲动,如果她希望自己永远都不必去处理自己的方便与孩子的自发性之间的冲突所带来的各种问题,我们完全可以认为,她爱得太肤浅了。她可能会凌驾于孩子的愿望和需求之上,这种凌驾一旦成功的话,孩子会变得十分沉闷;而且这种成功很容易转变为失败,因为孩子潜意识的抗议可能会出乎意料地以顽固性尿床的形式出现。这难道不像教学模式吗?

好的教学要求老师容忍给予或灌输知识时的自发性可能会遭遇的强烈挫折感。孩子在学习成为文明人的过程中,自然也会感受到强烈的挫折感。真正能帮助孩子的,与其说是老师的训诫,不如说是老师自己承受教学中固有挫折的能力。

老师的挫折感不会因为认识到以下几点而终结:比如教学不可能完美,错误不可避免,老师有时难免会表现得苛刻或不公正,也可能会做出不好的事情。更糟糕的是,哪怕是老师最好的教学,有时也会被学生拒绝。孩子们会把自己性格与经历中的怀疑和困惑带进学校,这是他们自身情感发展扭曲的一部分。此外,孩子们总是容易歪曲他们在学校里的发现,因为他们会期望学校要么是家庭环境的翻版,要么是家庭环境的反面。

老师必须忍受这些挫折所带来的失望,反过来,孩子也必须忍受老师情绪和性格上的麻烦和压抑。毕竟,就算是老师也可能会有起床气。

看得越多，我们就越发现，如果老师和学生都想要健康和谐相处，就要相互牺牲一些各自的自发性和独立性，而这几乎是教育的重要组成部分，而且在既定科目的课程教学中也一样重要。无论如何，即使课程教得很好，如果师生无法相互迁就，或者一方非要支配另一方的人格，这样的教育也会非常糟糕。

从这些论述中，我们可以得出什么结论？

思考过后，我们得出了这样一个结论：在评估教育方法时，没有什么比简单的学术成败更具误导性了。这样的成功仅仅意味着孩子们发现，对付某个老师、某个科目或整个教育最简单的方法就是屈从，闭上眼睛或是在没有严格检查的情况下接受灌输。这是错误的，因为这意味着完全否定了怀疑精神。就个人发展而言，这种状况无法令人满意，但在教育界的独裁者看来，这简直诱人极了。

考虑到影响及其在教育中的适当地位时，我们发现，教育堕落的根源在于滥用了儿童身上最神圣的属性：对自我的怀疑。独裁者深知这一切，并通过提供一种不容置疑的生活来行使他们的权力。这是多么无聊啊！

第二十八章
教育诊断

作为一名医生,我能对老师说些什么呢?显然,我无法教老师如何教学,也没有人希望老师对学生采取治疗的态度。学生不是病人。至少,上学的时候,他们不是老师的病人。

当医生考察教育领域时,他很快就开始问一个问题:医生的全部工作都是基于诊断,教学中的哪一点能与医学诊断相对应呢?

诊断对医生来说是如此重要,以至于医学院一度很不重视治疗,甚至把它丢到了容易被遗忘的角落。在医学教育阶段的巅峰时期,人们满怀热情地谈论着医学教育的新阶段,在这个阶段,治疗将是主要的教学内容。现在,我们已经拥有了非凡的治疗方法:青霉素、安全手术、白喉免疫治疗等。然而,公众很容易被误导,以为医学实践因此得到了改进,殊不知这些改进会威胁到良好医学的基础,即准确的诊断。如果一个人生病发烧了,服用了抗生素,并且康复了,他认为自己得到了很好的治疗。但从社会学角度来看,这是一个悲剧,因为医生不再有机会通过患者对盲目使用药物的反应来做出诊断。基于科学的诊断是我们医学遗产中最珍贵的一部分，它将医生与信仰治疗师、整骨师以及我们病急乱投医时求助的其他人区分开来。

问题是，当我们审视与诊断相对应的教师职业时，我们会看到什么？我的发现很有可能是错的，但我还是得说，很难在教学中找到真正等同于医生用心诊断的东西。在我接触教师职业的过程中，经常会对广大儿童在未经诊断的情况下接受教育的方式感到不安。当然，有时也有例外，但一般来说就是如此。无论如何，如果在教育界认真地进行诊断，一定也会大有收获。

首先，我们在这方面已经做了什么呢？每个学校都有自己的诊断方法。如果一个孩子令人反感，那就可能会被除名，要么被强行开除，要么被间接的压力逼得退学。这可能对学校有利，但对孩子非常不利。大多数老师都会同意学校的做法，认为即使暂时无法招收新的学生，也应该在一开始就把这些令人反感的孩子淘汰。然而，对学校来说，拒绝所有问题学生，会不会将特别有趣的孩子也拒之门外？如果能有一种更科学的方法用来选拔学生，那无疑是有用的。

目前，我们可以用科学的方法测量智力水平，也就是智商（I.Q.）。各种各样的测试有很多，并且被应用得越来越广泛，只是有时候它们的意义被无限放大了。了解智商测试分数两端的智商值很有参考意义。通过这些精心准备的测试，了解一个成绩不好的孩子的智商属于平均水平，是很有帮助的。这能表明，导致他成绩差的原因可能是教学方法或情绪问题。而了解到一个孩子的智力远远低于平均水平，几乎可以肯定他的大脑有问题，无法从为聪明孩子设计的教育中受益，这也是很有帮助的。对于心智缺陷患者，通常在进行测试之前，就已经对其有了相当明确的诊断。人们普遍认识到，为发育迟缓的孩子提供特殊教育，为发育更迟缓者提供职业培训，是任何教育方案中都不可或缺的重要组成部分。

到现在为止，一切都还不错。只要有科学方法，就可以进行诊断。然而，大多数老师认为，他们的班级中既有聪明的孩子，也有不太聪明的孩子，这是很自然的。只要班级不太大，他们就可以很自然地适应不同学生的不同需求。困扰老师的与其说是孩子们智力水平的差异，不如说是孩子们情感需求的差异。即使是在教学方面，有些孩子也会因被灌输的东西而茁壮成长，而另一些孩子只会按照自己的节奏、自己的方式，悄悄地学习。在纪律方面，不同群体的差异很大，没有哪一条硬性规定能够完全奏效。仁慈可能在一所学校奏效，在另一所学校失败；就像严厉的氛围一样，自由、仁慈和宽容也可能造成不良后果。然后就是不同孩子的情感需求问题——孩子对老师人格的依赖程度，以及孩子对老师的成熟而原始的情感。所有这些都是千差万别的，尽管平凡的好老师能设法将它们区分开来，但经常有一种感觉，为了大多数孩子，不得不牺牲少数孩子的需求。如果学校必须适应一两个孩子的特殊需要，大部分孩子就会感到不安。这些都是困扰着老师们的大问题。作为医生，我的建议是，不妨使用诊断的思路。也许，问题主要还是在于目前还没有进行合适的分类。以下建议可能会有所帮助。

在任何一组儿童中，既有家庭和睦的孩子，也有家庭不睦的孩子。前者自然会利用自己的家庭来发展情感。对他们来说，最重要的验证行为和付诸行动是在家里完成的，而这些孩子的父母能够并且也愿意承担责任。这些孩子来学校是为了丰富自己的生活，学习相应的知识。即使学习令人厌烦，他们也愿意每天投入那么多时间努力学习，以便通过考试，最终像父母那样找到一份好工作。他们希望能参与组织游戏，这不能在家里完成，因为游戏处于家庭生活的外围。相比之下，另一些孩子来学校的目的完全不同。他们希望在学校找到家庭无法提供的东西。他们来学校不是为了学习，而是为了在家之外找到一个家。这意味着他们在寻求一种稳定的情感环境，在这种环境中，他们可以慢慢表现出自己情感的不稳定，慢慢尝试逐渐融入某个群体，一个可以测试其攻击性行为、容忍其攻击性想法的群体。这两种孩子坐在同一间教室里，真是奇怪极了。我认为，应该有计划地设立不同类型的学校，以适应具有极端特征的学生群体。

老师们会发现，自己的气质可能更适合某一组的管理。第一组儿童希望老师好好教课，重视学业指导。对于生活在和睦家庭的学生（如果是寄宿学校的学生，则拥有一个可依靠的和睦家庭），老师可以发挥最好的教学能力。另一方面，对于另一组没有和睦家庭的儿童，他们需要的是有组织的学校生活，包括适当的人员安排、定期膳食、监督衣着、管理儿童的情绪，以及对极端的顺从或逆反行为的管理。这里的重点是管理。在这种类型的工作中，学校选择老师应该以其性格稳定或私生活满意为标准，而不是仅仅基于他们的算术能力。此外，班级规模不能太大，如果一位老师照顾的孩子太多，那么怎么可能了解每个孩子？如何为每天的变化做好准备？如何区分潜意识导致的躁狂发作和对权威的有意识试探？在极端情况下，必须采取措施，以宿舍的形式为这些孩子提供家庭生活的替代方案，这就给了学校一个实际教学的机会。在宿舍里，由于人数足够少，每个孩子都可以在很长一段时间内由一小部分员工固定管理。很多孩子把家里的问题带到了学校，对这些问题的处理本身就是一件棘手且耗时的事情，这进一步证明了在管理这些孩子时需要避免群体过大。

在私立学校的选择中自然会出现这样的问题，因为有各种类型的学校，也有各种各样的校长，渐渐地，通过中介机构介绍和自己打听，家长们或多或少都会做好选择，孩子们也会发现自己进入了合适的学校。然而，在必须由国家建立公立学校的地方，情况却截然不同。国家无法精准选择，儿童必须在他们居住的社区附近接受教育，很难想象每个社区都有足够的学校来满足这些极端学生的需要。国家可以把握精神缺陷儿童和智力缺陷儿童之间的区别，也可以注意到有反社会行为的孩子，但要将拥有良好家庭的儿童与没有良好家庭的孩子区分开来则非常困难。如果国家试图找出好的家庭和坏的家庭，就很容易出现一些严重的误差，这些误差必然会干扰那些特别好的父母，而他们通常都是非传统的，也不喜欢表现。

尽管存在这些困难，但这类事实似乎值得引起注意。有时，极端情况能有效地说明这一点。我们很容易理解，一个有反社会倾向的孩子，及其出于某种原因而养育失败的家庭需要特殊的管理。这可以帮助我们认识到，所谓"正常"的孩子可以分为两类：一类孩子的家庭可以应对问题，学校教育是对其家庭的补充；另一类孩子则期望从学校获得家庭所缺乏的基本特质。

还有一点让这个问题更为复杂，因为一些可以被归类为缺乏和睦家庭的孩子实际上有一个很不错的家庭，但由于他们个人的问题而无法善加利用。许多有几个孩子的家庭里都有一个难以管理的孩子。然而，为了说明这一点，我们简单地将家庭能够应付的儿童与家庭无法应付的儿童区分开来。为了进一步说明这一问题，我们还有必要继续区分以下两种情况：其一，家庭起初给了儿童良好的开端，后来却失败了；其二，哪怕在婴儿早期，也从来没有得到令人满意的、始终如一的对世界的介绍。此外，还有一些孩子的父母本可以给予这些必要的东西，却因为手术、长期住院、母亲因病突然离开孩子等问题而被迫中断了。

我试图用几句话表明，良好的教学和良好的医疗实践一样，都可以建立在诊断的基础上。为了明确我的意图，在这里，我只选择了一种分类方法，这并不意味着没有其他可能更重要的分类方法。根据年龄和性别分类的方法在教师中一定已经得到了广泛的讨论。事实上，还可以根据精神病理的类型进行进一步分类。将性格孤僻、心事重重的孩子和性格外向、展露无遗的孩子放在一起，那是多么奇怪啊！用同样的方法教育处于抑郁阶段的孩子和无忧无虑的孩子，又是多么古怪啊！怎么可能用同一套方法，既要驾驭真正的兴奋，又要管理不稳定的反抑郁波动或兴高采烈的情绪呢!

　　当然,老师的确会根据直觉调整自己的状态和教学方法,从而适应形形色色的情况和各种各样的变化。从某种意义上说,这种分类诊断法早就不是什么新鲜事了。然而,在这里,我还是要建议,教学应该像良好的医疗实践一样,正式建立在诊断的基础上。就整个教育行业而言,只靠一些充满才华的老师的直觉理解是远远不够的。就英国国家计划的推行而言,这一点尤为重要,因为国家计划往往会妨碍个人才华的施展,其重点只是对人们广为接受的理论和实践的简单叠加。

第二十九章
儿童的羞怯与紧张

至少在目前,医生的职责是照顾患者的个人需求。因此,医生可能不是与老师交谈的合适人选,因为老师几乎没有机会将注意力一次只集中在一个孩子身上。通常,他们很想做对某个孩子来说似乎很好的事情,但又怕对整个学生群体造成干扰。

然而,这并不是说老师对研究他所照顾的个别孩子没有兴趣,而是说,医生的话或许能让他把害羞或恐惧的孩子看得更清楚一点。对孩子的这些表现加深理解可以减少老师的焦虑,即使没有得到直接的建议和指导,也能改善他对孩子的管理。

有一件事情,医生可能比老师做得好。医生会尽可能清楚地从父母那里了解孩子过去的生活和现在的状态,并试图将孩子的症状、人格以及他的外在和内在经历联系起来。老师总是没有足够的时间和充分的机会来做这件事,但我也想指出,老师进行诊断的主观努力也不太够。通常,老师可能大致知道孩子的父母是什么样的,尤其是那些很难对付、过度谨慎或粗心大意的父母,以此对孩子在家庭中的处境有一定的了解,但这还远远不够。

即使我们忽略了孩子的内在发展,还是可以通过很多外部事件尽可能地了解孩子，比如最喜欢的兄弟姐妹、阿姨、祖父母或父母中的一方去世。我见过这样一个孩子，开始一切都很正常，直到有一天，他的哥哥因车祸而去世了。从那以后，他就变得郁郁寡欢、四肢疼痛、失眠、厌学，很难交到朋友。我发现，没有人费心去寻找这些事实，也没有人把它们联系在一起，而掌握了所有事实的父母同时也不得不处理自己的悲伤，因此他们可能没有意识到孩子状态的变化与家人去世之间的联系。

由于缺乏对历史记录的了解，结果就是老师和校医都犯了一系列管理上的错误，这只会让渴望得到理解的孩子感到困惑。

当然，大多数孩子紧张和羞怯的原因并不是这么简单；通常情况下，很难找到明显的外部因素。但老师的方法应该是，只要存在这样的因素，就一定不能错过。

我一直记得这样一个非常简单的案例——一个十二岁的聪明女孩，在学校时忽然变得紧张，晚上又开始尿床。似乎没有人意识到，她正在为她最爱的弟弟的去世而悲伤。弟弟因为感染性发烧而需要离家一两个星期，但他没有按时回家，因为他出现了浑身疼痛，结果被诊断为髋关节结核。女孩很高兴他被安置在一家不错的结核病医院。可是，随着时间的推移，他承受了更大的痛苦，最终死于全身性结核病。最后，女孩再次为他感到欣慰，因为大家都说，这是一次愉快的解脱。

事件转变得很快，她没来得及经历剧烈的悲伤，然而悲伤却在那里，等待着得到承认。我突然问她："你很喜欢他，是吗？"这导致了她的情绪失控和眼泪泛滥。此后，她在学校的表现恢复了正常，夜间也不再尿床了。

这种直接治疗的机会并不是每天都会出现，但这个案例可以说明，如果缺乏准确的病史，老师和医生面对问题就会束手无策。

有时，只有经过大量调查，诊断才会变得清晰。有这么一个十岁的女孩，她所在的学校对每个孩子都十分上心。我见到了她的老师，他说："这个孩子很紧张，很害羞，就像其他很多孩子一样。我小的时候也非常害羞，所以我很理解这种紧张。我发现，我通常能应付班上容易紧张的孩子。一般来说，几周内他们就不再害羞了。但这个孩子打败了我：她似乎对我所能做的一切都无动于衷；她既没有好转，也没有恶化。"

碰巧，这个孩子接受了精神分析治疗，直到一个隐藏的疑点被揭开并分析后，羞怯才得以解决。这是一种严重的精神疾病，只有通过精神分析才能治愈。老师正确地指出了这个害羞的孩子和其他看起来类似的孩子之间的区别。对这个孩子来说，所有的善意都是陷阱，所有的礼物都是毒苹果。患病期间，她既不能学习，也不能感到安全。她会被恐惧所驱使，尽可能地表现得像其他孩子一样，以免因为需要帮助而被别人放弃，因为她根本不指望接受帮助。接受了一年左右的治疗后，老师又能像对待其他孩子那样对待她了。最终，她成了一个让学校引以为豪的女孩。

许多过度紧张的孩子在心理结构上都有受到迫害的预期，我们很有必要将这些孩子与其他孩子区分开来。这些孩子经常受到迫害，几乎可以说，他们常常是要求被欺负，自己在同伴中制造

"恶霸"。他们很难交到朋友，不过，在面对共同的敌人时，他们可能会很快建立某种联盟。

这些孩子常常会因各种各样的疼痛和食欲障碍前来就医，但有趣的是，他们经常抱怨老师打了他们。

幸运的是，我们知道这种抱怨并非事实。它的目的往往相当复杂，可能是一种纯粹而简单的错觉，有时是一种微妙的错误陈述。但无论如何，它都是一种痛苦的信号，说明孩子在潜意识中受到了更糟糕的迫害，因此对孩子来说更可怕。当然，确实会有坏老师，也有老师恶意殴打孩子，但这种情况比较少见。绝大多数时候，孩子的抱怨都是一种受迫害性心理疾病的症状。

许多孩子会通过不断地做一些小坏事来解决被害妄想的问题，从而"创造"出一个真正的总爱迫害孩子、惩罚孩子的老师。老师被这样的孩子逼得很严格，一个小组中只要有一个这样的孩子，老师可能就会对整个小组实施严格的管理，而这种做法其实只对一个孩子有"好处"。有时，把这样的孩子交给值得信赖的同事可能会有所帮助，这样就可以更理智地对待其他孩子了。

当然，真正明智的做法是记住紧张、害羞具有健康、正常的一面。在我们医院，我可以通过"正常羞怯缺失"来识别某些类型的心理障碍。当我检查一个病人时，一个不认识的孩子在我旁边转悠，直接走到我身边，爬上我的膝盖。一般来说，正常的孩子会感到害怕，就算对我有一些要求，也会用更安全的方式提出来。他们甚至会公开声明，比起我他们更喜欢自己的爸爸。

这种正常的紧张情绪在学步期孩子身上更为明显。一个不懂得害怕伦敦街头，甚至不惧怕雷雨的小孩是不那么健康的。这样的孩子的内心也有可怕的东西，就像其他人的内心一样，但他不能冒险在外面发现它们，不能放飞自己的想象力。有些父母和老师自己将逃避现实作为对抗无形、怪诞和荒诞的主要防御手段，所以会以为一个"不怕狗、医生和黑人"的孩子就是明智和勇敢的。但实际上，孩子应该能够感到害怕，并且通过看到外界的坏人、坏事和糟糕环境来释放内心的邪恶。慢慢地，现实验证才能改变内心的恐惧，而对任何人来说，这个过程都不是完全的。坦率地说，一个不知道什么是害怕的小孩要么是在假装不怕，增强自己的勇气，要么就是生病了。但如果他真的生病了，而且充满恐惧，那他可能会感到安心，因为他有能力通过外部世界看到自己内心深处的善良。

因此，害羞和紧张是诊断的重要因素，也要结合孩子的年龄加以考虑。正常儿童可以接受教育，不健康的儿童则会浪费老师的精力和时间。根据这一原则，我们发现，重要的是能够得出每个个案症状是否正常的结论。我建议，适当使用历史记录可能有助于这一点，但前提是要充分结合对儿童情感发展机制的了解。

第三十章
学校中的性教育

我们在描述孩子时，不能一概而论。他们的需求因家庭影响、个体特质和健康状况而异。然而，如果要简单谈谈性教育这一主题，一般来说可以方便、笼统一些，不必根据个人需求调整主要论点。

有关性教育，孩子们同时具有以下三个需要：

（1）他们需要身边有可以倾诉的对象。这些人要值得信赖，具有普通的维系友谊的能力。

（2）他们需要生物学和其他学校课程的指导——人们认为，生物学包含生命、生长、繁殖的真相，以及生物与环境的关系（就目前所知）。

（3）他们需要持续稳定的情感环境，在这种环境中，他们能以自己的方式发现自己的性冲动，以及这种冲动改变、丰富、复杂化和启动人际关系的方式。

与之相反的是性教育讲座——邀请一个专家来到学校，发表演讲，然后离开。我们似乎应该劝阻那些急于向儿童传授性知识的人。此外，学校教职工不能做的事情，也不能容忍别人来做。有一种办法比直接传授性知识更好，那就是让孩子自己去发现性。

在寄宿制学校，已婚员工及其不断壮大的家庭，为孩子提供了一种自然而有利的影响，比许多讲座更具刺激性和教育性。在走读学校，孩子们则能直接接触亲戚和邻居不断壮大的家庭。

讲座的麻烦在于，它们给孩子的生活带来了一些困难和私密的东西，而这些内容是偶然选择的，并非根据孩子的需求而来。

即使是最好的性教育讲座也会使这个话题变得贫乏，只有经过尝试和体验，从内部接触这个话题，才能发现其无限丰富的潜质。但只有在成年人营造的氛围中，健康的青少年才能发现自己渴望身体与身体的碰撞，灵魂与灵魂的结合。邀请专家与学校工作人员座谈，再由老师以有组织的方式开展主题讨论，这个解决方案怎么样？老师在与孩子们接触时可以根据自己的个人方式自由行事，但拥有了更扎实的事实知识基础。

对很多儿童来说，自慰是非常重要的性副产品。任何关于自慰的讲座都不能涵盖这个主题，因为在任何情况下，自慰都是如此个人化，以至于只有在与朋友或知己的私人谈话中才有价值。跟一群孩子说自慰是否有害是没有用的，因为也许对其中一个孩子来说，自慰恰恰是有害的、强迫性的，还可能是精神疾病的征兆；对其他孩子来说，它可能是无害的，甚至根本没有带来任何麻烦，如果此时被告知自慰有害，反而会把事情变得复杂。然而，孩子们确实很重视与某人谈论这些事情的机会，而这个人应该是母亲。母亲应该能够自由地讨论孩子能想到的任何事情。如果母亲不能做到，那就必须由其他人代为履行职责，甚至可能需要安排一次与精神科医生的面谈。

想象也会引起身体反应，应该和思想一样受到尊重和关注，这一点也许更适合在艺术课上指出。

对那些家有青少年的人来说，有一个明显的困难。如果那些谈论让孩子们对性行为导致女孩怀孕的可能性视而不见，那就毫无用处了。这个问题当然很真实，而且必须面对。每个管理青少年的人都必须根据自己的信念来应对这个问题，但公众舆论应该考虑到这样一个事实：哪怕使用了最好的管理方式，风险也是存在的，事故也确实会发生。一个孩子会下意识地害怕和逃避性游戏，跳到虚假的性成熟阶段。许多在婴儿时期与母亲关系不佳的孩子，在性关系中第一次接触到人际关系，因此这对他们来说极为重要。尽管从旁观者的角度来看，这是不安全的成熟，因为这缺乏一个由不成熟逐渐趋向成熟的阶段。如果一个群体中有很大比例的此类儿童，性监管显然必须严格，因为社会不能接受过多不合法的伴侣关系。另一方面，在青少年群体中，大多数人都是健康的，在这种情况下，必须要问的是，他们的管理是基于健康儿童的需要，还是基于社会对少数反社会或病态成员的恐惧？

成年人不愿承认孩子具有很强的社会意识。同样，成年人也不愿认为儿童拥有早期的内疚感。父母经常在道德能够自然发展的地方给孩子植入道德观念，使其成为一种稳定的亲社会力量。

此外，家长和老师需要能够忍受青少年对成年人可能产生的令人惊讶的敌意，尤其是对那些在成长的关键时刻想要帮助他们的人。

当父母无法提供孩子所需的东西时,学校工作人员或学校本身通常可以做很多事情来弥补这一不足。不过,具体方式不是组织性教育课,而是要以身作则、诚实、奉献,并在现场回答问题。

对幼儿来说,性的答案是生物学解释,这是对自然现象的客观呈现,没有任何删节。起初,大多数小孩子喜欢养宠物,研究宠物,收集和了解花卉与昆虫的习性。在青春期之前的某个时期,他们可以逐步了解动物的习性及其适应环境的能力,其中包括物种的繁殖、交配和怀孕等解剖学和生理学知识。孩子们看重的生物老师不会忽视动物父母之间关系的动态方面,也不会忽略进化序列中家庭生活的演变方式。不过老师也没有必要有意识地将这些内容应用于人类事务,因为这是显而易见的。更可能的是,孩子们通过主观的阐述,将人类的情感和幻想融入动物事务中,而不是盲目地将所谓的动物本能过程应用到人类事务中。像其他学科的老师一样,生物学老师需要能够引导学生走向客观和科学的方法,毕竟这门学科对一些孩子来说非常痛苦。

对老师来说,生物教学可能是最愉快甚至是最令人兴奋的任务之一,主要是因为很多孩子都重视这门关于生命的入门课程。(当然,也有人通过历史、古典文学或宗教经历更好地理解生命的意义。)但将生物学应用于每个孩子的生活和情感则完全是另一回事。正是通过对这个微妙问题的巧妙回答,才实现了将一般情况与特殊情况联系起来。毕竟,人类不是一般的动物,而是具有丰富的幻想、心理、灵魂或内心世界潜力的高等动物。有些孩子通过身体接触灵魂，有些孩子通过灵魂接触身体。对整个儿童保育和教育领域而言，必须将"积极适应"作为重要原则。

总之，关于性的完整、坦率的信息应该提供给孩子们，但这不过是孩子与熟悉、信任的人的关系的一部分。性教育不能代替孩子个人的探索和领悟。真正的抑制是对教育的抵制。在没有心理治疗的一般情况下，最好通过朋友的理解来处理这些抑制。

第三十一章
探视住院儿童[1]

每个孩子都有一条从出生就开始的生命线,我们的工作是确保它不会被打破。生命内部有一个持续的发展过程,只有在婴儿或幼儿的护理也稳定的情况下,才能稳步发展。一旦婴儿作为一个人开始与人建立关系,这些关系就非常紧张,不可能不受到危险的干扰。我没有必要强调这一点,因为母亲们自然不愿意在孩子做好准备之前让孩子离开。当然,如果孩子不得不离开家,母亲也很乐意去看望他们。

目前,人们对探视病人的热情很高。一波又一波的热情带来的问题是,它们可能会压倒真正的困难,迟早会带来反弹。明智的做法是让人们了解是否支持探视的原因。从护理的角度来看,确实存在很大的困难。

事实上,为什么一个女孩要从事护理工作?也许最初,护

---

[1] 在过去的十年里,医院实践发生了巨大的变化。在许多医院,父母可以自由探视,必要时可以陪着孩子入院。结果通常被认为对孩子、父母都有好处,甚至在很大程度上对医院工作人员都有帮助。尽管如此,我还是保留了1951年写的这一章,因为这些变化并没有影响到所有医院,也因为现代方法存在固有的问题,这些困难应该得到承认。

理只是许多谋生方式之一。但她最终投身于护士工作,并对它产生了浓厚的兴趣,花了很大的力气学习各种非常复杂的技术。最后,她成了一个合格的护士。作为护士,她工作时间很长,且日常如此,因为好的护士永远不够用,而且工作很难被替代。她往往要对二三十个别人家的孩子负有绝对责任。这些孩子大多病得很重,需要熟练的护理。她要对孩子负全部责任,甚至需要对初级护士在她没留意的时候所做的事负责。她非常渴望让孩子们好起来,这可能意味着要严格遵循医生制定的路线。除此之外,她还必须准备好与医生和医学生打交道,毕竟他们也是普普通通的人。

没有人探视时,护士承担着照顾孩子的责任,这会唤醒她内心最美好的东西。她更愿意经常值班而不是下班,因为她总是想知道病房里发生了什么。有些孩子非常依赖她,无法忍受她不辞而别,总想知道她什么时候回来。整个事件展现出的都是人性中最美好的一面。

那么,探视时会发生什么?事情马上就会不一样了,至少很有可能会不一样。从现在起,看护孩子的责任不会完全在护士身上。当然,这样可能会很顺利,护士也许会很乐意减轻责任。但是,如果她很忙,特别是如果碰上了比较棘手的病人和棘手的妈妈,那么自己负责整个流程要比共同分担简单得多。

如果我告诉你探视期间发生的事情,你会感到很惊讶。父母离开后,孩子们经常会呕吐,呕吐物能说明很多问题。也许探视后的这一小插曲并不重要,但它可能会揭示出父母给孩子吃了冰激凌或胡萝卜，或者给正在节食的孩子吃了甜食。这完全打乱了整个节奏，干扰了未来的治疗。

事实是，在探视时间里，护士放弃了对局势的控制，我想她有时真的不知道这段时间发生了什么。这是没有办法的。而且，除了饮食紊乱之外，探视还增加了感染的风险。

医院病房的一位非常好的护士告诉我，还有另一个麻烦，那就是由于父母可以每天探视，他们会认为孩子在医院一直哭，这当然不是真的。的确，父母去探望孩子，这种探望往往会引起痛苦。每次你去病房时，孩子都会记起你，重燃回家的愿望，所以就会哭泣。但是，我们认为，这种痛苦对孩子的伤害远不及冷漠造成的痛苦。如果你不得不离开孩子太久，以至被孩子遗忘了，那么孩子在伤心一两天后就会康复，不再痛苦，并且会适应护士和其他孩子，开启新的生活。在这种情况下，你已经被遗忘了，之后得再努力进入他的内心。

如果母亲满足于进病房看孩子几分钟，然后再出去，事情就不会那么糟糕了。不过，妈妈们通常不愿意止步于此。她们走进病房，一定会充分利用全部探视时间。有些母亲似乎在和孩子"热恋"，她们会带来各种各样的礼物，尤其是食物，同时需要孩子深情的回应。然后，她们会花很长的时间告别，站在门口不断挥手，直到孩子筋疲力尽。母亲也很可能会在出门的路上去护士那里，说一些关于孩子穿得太少或者晚餐吃得不够饱之类的话。只有少数母亲会在离开这一刻感谢护士所做的一切，这一点其实很重要。对母亲来说，很难承认有人能像自己一样照顾好孩子。

所以你可以看到,如果在父母走后,有人问护士:"如果你是一个独裁者,会怎么安排探视这件事?"她很可能会说:"我会废除它。"不过,在更有利的时候,她可能会同意,探视是一件自然的好事。医生和护士都明白,如果他们能够承受,如果父母能够配合,那么探视是值得的。

我一直在说,任何把孩子的生活分割成碎片的东西都是有害的。母亲们知道这一点,所以很支持每天的探视,这使她们能够在需要医院护理的不幸时刻与孩子保持联系。

在我看来,当孩子们感到不舒服时,整个问题就容易多了;每个人都知道自己该做什么。当大人和小孩交流时,言语似乎是毫无用处的;而当小孩感到非常不舒服时,言语是没有必要的。在这种时候,恰恰是一些安排能让孩子感到好受一些。如果需要住院,即使是含着眼泪,也是可以接受的。但当一个孩子必须在没有不适感的时候住院时,情况就完全不同了。我记得,曾经有一个女孩在街上玩耍,突然救护车来了,她被迅速送往一家发热医院,尽管她感觉很好。这是因为前一天医院(通过检查)发现她是白喉携带者。你可以想象这对孩子来说是多么可怕,她甚至不能回去和家人道别。当我们无法自圆其说时,信誉就会大大下降。事实上,这个女孩从未真正从这次经历中恢复过来。也许,如果当时医院允许探视,结果可能会更幸福。如果没有别的特殊原因,我觉得父母应该能够去看望这样的孩子,以便让孩子在愤怒处于白热化的时候能够发泄出来。

我曾说过,需要医院护理是不幸的经历,但也可以用另一种方式来理解。当你的孩子足够大的时候，一次住院的经历，或是一次与阿姨一起离家的经历，都可能是非常有价值的，因为这都是从外部观察家庭的好机会。我记得，一个十二岁的男孩在疗养院待了一个月后，他说："你知道吗？我觉得，我不是我母亲的宝贝。她总是给我我想要的一切，但不知怎的，她并不是真的爱我。"他的母亲很努力，但她自己也有很大的困难，这妨碍了她与孩子的交流。对这个男孩来说，能够从远处观察自己的母亲，是非常健康的行为。回去之后，他准备以一种新的方式解决家庭问题。

很多父母各有各的缺点，并不完美。这对医院探视有何影响？如果父母探视时当着孩子的面争吵，那自然是一件非常痛苦的事情，而孩子在事后也会为此担心。这样的事情会严重影响孩子的恢复。有些父母无法信守诺言；他们说自己会来，或者会带一些特殊的玩具或书，结果却做不到。再说一遍，父母的问题是，尽管他们送礼物、买衣服，做各种各样重要的事情，却不能在适当的时候给孩子一个拥抱。这样的父母可能会发现，在医院病房的艰苦条件下更容易表达对孩子的爱。他们来得很早，待的时间很长，带来的礼物也越来越多。他们走后，孩子发现自己几乎无法呼吸了。有一次，一个女孩恳求我（大约是圣诞节的时候）："把我床上所有的礼物都拿走！"这种迂回示爱的方式将她压得喘不过气来，却无法改善她的心情。

在我看来，那些专横、不可靠、易激动的父母的孩子，在无探视的情况下住院一段时间后，反而会得到很大的缓解。病房里有很多这样的孩子,所以护士认为,无人探视反而是一件好事。此外,护士还得照顾那些父母住得太远而无法探视的孩子,最困难的是那些根本没有父母的孩子。当然,探视对护士管理这些孩子来说并没有什么帮助,因为这些孩子对人类没什么信心,转而对护士提出了更特殊的要求。对家庭不幸的孩子来说,住院可能会提供人生中第一次好的体验。他们中的一些人甚至不太相信人类,以至失去了悲伤的感觉。无论谁出现在他们周围,他们都会立即与之交朋友。当他们独自一人时,他们会前后摇晃,或用头撞击枕头或床沿。你当然没有理由因为病房里有这些被剥夺幸福的孩子,就让自己的孩子也受这份苦,但同时,你应该理解,当其他孩子有父母探视时,给护士照顾这些不幸的孩子增加了许多困难。

当一切顺利时,住院的主要影响很可能是孩子们之后有了新的游戏。以前,他们玩"过家家""上学"的模拟游戏,现在又学会了玩"医生和护士"的游戏。有时游戏中的受害者是婴儿,有时是玩偶、狗或猫。

我想说的主要是,医院引入儿童探视制度是向前迈出的重要一步,事实上,这是一项早就应该进行的改革。我很欢迎这一新趋势,因为它可以减轻孩子的痛苦。对学步期的孩子来说,如果必须在医院待一段时间,就很容易让我们准确区分哪些举措是好的,哪些是坏的。我之所以强调探视的困难,一是因为困难确实存在,二是因为探视制度在我看来非常重要。

如今,当我们走进儿童病房时,会看到一个小孩站在小床上，急切地想找人倾诉。我们很容易就会听到这样的话："我的妈咪来看我啦！"这种自豪的炫耀是一种全新的现象。还有一个三岁的小男孩，他一直在哭，护士们正在努力哄他。但是抱抱没有用，他不想要。最后，她们发现必须在他的小床旁边放一把椅子，才能让他平静下来。过了一段时间，他解释道："那是爸爸明天来看我时要坐的。"

所以，你看，有关探视这个问题，远远不只是防止损害这么简单。但是，父母最好尝试理解这些困难，这样，医护人员就能继续坚持良好的做法，因为不好的做法会有损他们倾心付出的这份工作的质量。

第三十二章
青少年犯罪问题

青少年犯罪是一个庞大而复杂的主题,但我会试着简单谈谈反社会儿童,以及犯罪与剥夺家庭生活的关系。

你们知道,在对同一所学校的几名学生进行的调查中,诊断结果可能林林总总,从正常(健康)到精神分裂症。然而所有的少年犯都有一个共性。那是什么?

在一个普通的家庭里,通常是一男一女夫妻两人对他们的孩子共同承担责任。婴儿出生后,母亲(在父亲的支持下)会细心照顾每个孩子,研究每个孩子的个性,处理每个孩子的个人问题,因为这些问题影响着社会最小的单位——家庭和家人。

那么,正常的孩子是什么样的?给他吃的就会成长,笑得很甜吗?不,那不可能。一个正常的孩子,如果对父亲和母亲有信心,他就会全力配合。然而,随着时间的推移,他会竭尽全力去捣乱、搞破坏、吓唬人、使人筋疲力尽、浪费东西、耍心眼和侵占东西。所有能把人送上法庭(或收容所)的行为,在婴儿期和幼儿期,在孩子与自己家人的关系中,都能找到相应的表现。如果家里能抵抗住孩子所能做的一切,他就会安定下来,专心游戏。不过，在安定之前，孩子还会进行各种测试，尤其是如果他对父母的组合和家庭（我指的不仅仅是房子）的稳定性有一些疑问的话，更是如此。首先，孩子需要意识到一个框架，这样他才能感到自由，自在玩耍，随心所欲，做一个不负责任的孩子。

为什么会这样？事实上，人类情感发展的早期阶段充满了潜在的冲突和破坏因素。比如，与外部现实的关系尚未牢固扎根；人格还没有很好地整合；原始的爱当中带有一种破坏性的目标，而这个幼儿还没有学会容忍和应对本能冲动。如果环境是稳定的、个人化的，孩子就能渐渐学会处理这些事情。一开始，他绝对需要生活在一个充满爱与力量（随之而来的是宽容）的环境里，让他不太害怕自己的想法和想象，从而在情感发展中取得进步。

现在，如果孩子还没有意识到框架是他自己天性的一部分，家里就辜负了他，会发生什么呢？比较流行的观点是，发现自己"自由"后，他开始愉快享受。然而，这与事实相去甚远。发现自己的生活框架被打破后，他不再感到自由，而会变得焦虑。如果他心存希望，就会继续在家以外的地方寻找新的框架。在家没有安全感的孩子会在家外寻找，他仍然抱有希望，会向祖父母、叔叔阿姨、家人的朋友或者学校寻求帮助。他寻求一种外部稳定，如果没有这种稳定，他可能会发疯。如果在适当的时候，这种稳定性可能会像骨骼一样生长在孩子身上，这样在他生命的最初几个月到几年里，他就会逐渐摆脱依赖，变得独立。通常，孩子能从亲戚和学校那里得到自己家里缺失的东西。

有反社会倾向的孩子只不过是往更远的地方看，他希望社会而不是自己的家庭或学校来提供所需的稳定性，从而顺利通过情感成长中重要的早期阶段。

这样说吧。当一个孩子偷糖时，他是在寻找一位好妈妈，他自己的妈妈，因为他有权从她那里得到任何甜蜜的东西。事实上，这种甜蜜本来就是他的，因为他创造了妈妈，也创造了她的甜蜜，这些都源于他自己的爱的能力和创造力。当然，也可以说，他也在寻找他的父亲，来保护母亲免受孩子的攻击，这种攻击是在原始的爱的过程中产生的。当一个孩子在自己家外面偷东西时，他仍在寻找他的母亲，但这种寻找带有更多的挫折感。与此同时，他也越来越需要父亲的权威，这种权威可以限制他的冲动行为导致的实际效果，也会阻止他在兴奋状态下将心里的念头付诸行动。在大规模青少年犯罪中，我们作为观察者会很难做，因为我们遇到的是孩子对严厉的父亲的迫切需求，希望他能保护母亲。孩子所唤起的严厉的父亲也可能是慈爱的，但他首先必须严厉而坚强。只有当严厉而坚强的父亲形象出现时，孩子才能重新获得原始的爱欲冲动、内疚感和想要改过自新的愿望。除非陷入困境，否则少年犯罪者只能在爱中变得越来越压抑，从而变得越来越抑郁，失去个性，最终无法感受到暴力之外的事物的真实性。

行为不良表明孩子仍残存一些希望。你会发现，当孩子表现出反社会行为时，这不一定说明孩子病了，有时孩子不过是在呼唤坚强、有爱、自信的人对其加以控制。然而，大多数犯罪者在某种程度上患有疾病，而"疾病"一词之所以恰当，是因为在许多情况下，安全感并没有及时进入孩子的生活，融入他的信念。尽管在强有力的管理下，反社会的孩子似乎没有表现出什么问题，但一旦给他自由，他很快就会感觉到来自疯狂的威胁。因此，他会稀里糊涂地冒犯社会，以便从外部重新建立对自己的控制。

在生命最初的阶段，正常孩子会在自己家庭的帮助下，培养出控制自己的能力。他发展了所谓的"内部环境"，于是倾向于寻找良好的外部环境。一个反社会的、生病的孩子，如果想要快乐、正常玩耍或工作，就绝对需要外界的控制，因为他没有机会营造良好的"内部环境"。在正常孩子和反社会的患病孩子两个极端之间的儿童，如果在一段时间内，充满爱的人能够给他们持续的控制经验，他们仍然可以获得稳定的信念。六七岁的孩子比十一岁左右的孩子更有机会通过这种方式获得帮助。

在战争中，许多人都有过这样的糟糕经历：为被剥夺家庭生活的儿童提供稳定的环境，比如为被疏散的儿童提供收容所，尤其是那些难以安顿的儿童。在战争年代，有反社会倾向的儿童被视为病人。这些收容所取代了为适应不良的儿童所设的专门学校，为社会做预防性的工作。他们之所以将犯罪视为一种疾病，是因为大多数儿童都没有被送上少年法庭。收容所无疑会将犯罪作为个人疾病来对待和研究，也是以此获得宝贵经验的重要场所。我们都知道，一些工读学校也做得很好，但其中大多数孩子都在法庭上被判有罪，这就给研究造成了困难。

这些收容所有时被称为适应不良的儿童的寄宿家庭，让那些将反社会行为视为患病儿童求救信号的人有机会发挥自己的作用，并从中进行学习。战时，卫生部下属的每一家或一组收容所都有一个管理委员会，在与我有联系的收容所中，非专业委员会对收容所工作的细节非常用心，非常负责。当然，许多地方法官可以当选为这些委员会的成员，因此可以密切接触对尚未进入少年法庭的儿童的实际管理工作。光是参观工读学校或收容所，或听人们谈论一点情况是远远不够的。唯一有益的方法是承担一些责任（即使是间接的），支持那些有反社会倾向的孩子的管理者。

在工读学校里，人们可以放心地开展治疗工作。当然，结果会有很大的不同。如果失败了，孩子最终还是得上法庭；但一旦成功了，他就能成长为合格的公民。

现在，我们再回到被剥夺家庭生活的儿童这一主题。除了被忽视（在这种情况下，他们会因犯罪而被送上少年法庭）之外，还有两种方式等待着他们。其一，接受个体心理治疗；其二，提供一个强大的稳定环境，提供人性化的关爱，并逐渐增加自由度。事实上，没有后者，前者（个体心理治疗）不太可能取得成功。如果提供了合适的家庭替代环境，连心理治疗都会变得不必要了。不过，这是幸运的好事，因为心理治疗的资源相当稀缺。即使只培养少量精神分析师，也需要数年才能为迫切需要的病人提供合格的个体治疗。

个体心理治疗旨在帮助孩子完成情感发展。这意味着，形成感受真实的内部世界和外部世界的良好能力，建立个人人格的整合。充分的情感发展远非如此。在这些原始的事情之后，随之而来的是最初的担忧和内疚感，以及补偿的早期冲动。在家庭本身中，存在着最初的三角关系，以及所有属于家庭生活的复杂人际关系。

此外，即使一切进展顺利，即使孩子能够管理好自己，也能应对与大人、与其他孩子的关系，他仍然必须开始处理复杂的问题，比如母亲抑郁、父亲狂躁、兄弟脾气暴躁、妹妹乱发脾气。越是考虑到这些事情，就越能理解为什么婴幼儿绝对需要有自己的家庭，如果可能的话，还要有稳定的周围环境。从这个角度考虑，可以看出，被剥夺家庭生活的儿童必须趁他们还小、多少还能利用环境的时候，为他们提供一些个人的、稳定的东西。否则，等他们长大一点，就只能进工读学校或者高墙环绕的监狱了。

这样一来，我们又回到"拥抱"和"满足依赖"这些主题上了。与其被迫"拥抱"一个生病的孩子或反社会的成年人，不如在一开始就好好"拥抱"一个婴儿。

第三十三章
攻击的根源

各位读者将从散落在本书中的各种奇怪的描述中得知,婴幼儿会尖叫、撕咬、踢打和拉扯母亲的头发,他们的冲动具有攻击性或破坏性,或以某种方式令人不快。

婴幼儿的护理因一些破坏性行为而变得复杂,这些事件可能需要管理,当然也需要理解。如果我能从理论上阐述攻击的根源,这将有助于理解这些日常事件。然而,鉴于大多数读者只是从事婴幼儿护理工作,而不是心理学专业的,我如何才能公正地对待这一庞大而困难的主题呢?

简而言之,攻击性有两层含义。从某种意义上说,它是对挫折的直接或间接反应。换句话说,它是个人能量的两个主要来源之一。对这一简单陈述的深入思考,产生了极其复杂的问题,在此我只能详细阐述一下主要内容。

想必大家都同意,我们不能只谈论孩子生活中表现出来的攻击性行为。实际上,这个主题的内容很多。在任何情况下,我们总是在与成长中的孩子打交道,而我们最关心的是一种状态向另一种状态的转变过程。

有时，攻击性行为会很明显地表现出来，然后自行消失；有时，则需要有人来满足它，防止伤害的发生。同样，攻击性冲动往往不会公开表现出来，反而会以某种相反的形式出现。在我看来，好好研究一下攻击性冲动的各种反向表现形式也许是一个不错的主意。

首先，我必须做一个总体观察。明智的做法是，假设本质上所有的个体都是相同的——尽管遗传因素使我们每个人都与众不同。我的意思是，在所有婴儿、所有儿童和所有年龄段的人身上都可以发现人性中的一些特征，人格发展都要经历从生命早期到独立的成人期这一过程。在这一点上，任何人都不例外，无论其性别、种族、肤色、信仰或社会背景如何。外表可能不同，但人类有其共同之处。一个婴儿可能倾向于表现出攻击性，另一个婴儿似乎从一开始就几乎没有表现出任何攻击性。但每个人都面临着同样的问题。很简单，这两个孩子正在以不同的方式处理自己的攻击性冲动。

如果我们仔细观察并试图找出个体攻击性的起源，我们最先发现的将是婴儿运动这一事实。这甚至在出生前就开始了，胎儿不仅会扭动身体，还会突然活动肢体，让母亲感到胎动。婴儿身体的一部分会运动，通过运动会碰到一些东西。观察者可能会将其称为"击打"或"踢击"，但由于婴儿（包括胎儿和新生儿）尚未成为一个有明确理由采取行动的人，因此缺少了主动咬或踢的意识。

因此，每个婴儿都有这种运动的倾向，在运动中获得某种肌肉的快感，并从运动和碰撞的经验中获得益处。遵循这一特征，我们可以通过观察从简单的动作到表达愤怒的动作，或者到表示仇恨、控制仇恨的状态的发展来描述婴儿的发育。我们可以继续描述，偶然的撞击可能变成蓄意的伤害。同时，我们还能发现其对既爱又恨的客体的保护。此外，我们可以将一个孩子的破坏性想法和冲动组织成一种行为模式；在健康的发展中，所有这些都可以表现为有意识和无意识的破坏性想法以及对这些想法的反应，它们会出现在孩子的梦境和游戏中，也出现在对身边值得破坏的东西的攻击中。

我们可以发现，这些婴儿早期的击打行为导致了对自我之外世界的发现，并开始了与其他物体的关系。因此，攻击性行为起初不过是一种简单的冲动，这种冲动会导致运动和探索的开始。以这种方式，攻击性总是与自我和非自我的明确界限联系在一起。

我希望我已经讲清楚了这个问题，那就是尽管事实上每个人本质上都是不同的，但每个人又都是相似的。现在，我们可以谈一谈攻击性许多对立面中的一部分了。

举个例子，胆大的孩子和胆小的孩子之间有着鲜明的对比。前者常常公开表达攻击性和敌意，从而获得解脱；而后者往往认为攻击性不在自己身上，而是源于其他地方，他会对这种攻击性感到恐惧，担心它会从外部世界降临到自己头上。前者是幸运的，因为他发现能表达的敌意是有限的和可消耗的；而后者永远不会达到令人满意的终点，而是继续生活在恐惧之中。在某些情况下，麻烦确实存在。

有些孩子总是要从其他孩子的攻击性中看到自己受到控制（压抑）的攻击性冲动。这有可能发展成一种不健康的方式，因为外来的"迫害"总有供不应求的时候，所以，他们不得不依靠幻想加以弥补。因此，我们发现有的孩子总是期待着受到迫害，也许会变得咄咄逼人，以自卫来对抗想象中的攻击。这已经是一种疾病了，但这种模式可以出现在几乎任何儿童的发育过程中。

在观察另一种对立表现时，我们可以将容易表现出攻击性的孩子与"内心"有攻击性的孩子进行对比，发现后者往往会变得紧张、过度克制和严肃。所有的冲动都会受到一定程度的抑制，创造力也会受到一定的抑制，因为创造力与婴儿和儿童时期的不负责任、自由生活息息相关。然而，在后一种情况下，尽管孩子在内心自由方面失去了一些东西，但可以说，自我控制能力也已经开始发展，同时也会开始考虑他人的利益，保护世界免受孩子无情的伤害。在健康方面，每个孩子都有能力换位思考，并与外界事物和人产生认同感。

过度自我克制的一个尴尬之处是，一个好孩子，一个不会伤害他人的孩子，可能会出现攻击性情绪和行为的周期性突破，例如发脾气，或采取恶意行动。这些行为对任何人都没有积极价值，尤其是对孩子来说，他们甚至可能根本不记得发生了什么。父母在这里所能做的就是找到一些方法来度过这样一个尴尬的时刻，并希望随着孩子的成长，演变出一种更有意义的攻击性表达方式。

有一种更成熟的替代性攻击行为是做梦。在梦中，孩子通过幻想来体验毁灭和杀戮，这种梦与身体中任何程度的兴奋都有关联，是一种"真实"的体验，而不仅仅是一种智力锻炼。能够掌控梦的孩子也能玩各种各样的游戏，无论是单独玩还是与其他孩子一起玩。如果梦中包含了太多的破坏性内容，对神圣事物的威胁太严重，或者混乱接踵而至，那么孩子就会尖叫着醒来。此时，母亲的作用就显现出来了，她可以帮助孩子从噩梦中醒来，让外部现实再次发挥令人安心的作用。这个醒来的过程可能需要花费半个小时。对孩子来说，噩梦本身可能是一种奇特的令人满意的经历。

在这里，我必须明确区分做梦和白日梦。这里所指的不是清醒生活中幻想的串联。与白日梦相比，做梦的本质是做梦者睡着了，而且可以被唤醒。这个梦可能会被遗忘，但它的确发生过，这是很重要的（还有一些梦会溢出到孩子清醒的生活中，但那是另一回事）。

前面曾谈到游戏，它利用了幻想和可能会梦到的一切，以及潜意识的深层甚至最深层。很容易就可以看出，孩子对符号的接受在健康发展中发挥了重要作用。用一个东西"代表"另一个，其结果是从赤裸裸的粗暴和尴尬的冲突中得到极大的解脱。

孩子一边温柔地爱着母亲，一边恨不得将她吃掉；孩子对父亲爱恨交加，并且不能将这种情感转移到某个叔叔身上；孩子想要"除掉"家里新生的婴儿，又不能通过失去玩具来令人满意地表达这种感觉……都会令他感到尴尬。有些孩子就是这样，似乎一直在受苦。

然而，通常情况下，符号的接受很早就开始了。对符号的接受为孩子的生活体验提供了空间。例如，当婴儿很小就开始选择拥抱某个特殊的物品时，它既能代表自己，也能代表母亲。因此，它是联合的象征，就像拇指对于爱吸拇指的人一样。这个象征本身可能会受到攻击，但其价值超过孩子后来拥有的所有财产。

游戏建立在接受符号的基础之上，本身蕴含着无限的可能性。它使孩子能够体验到丰富的内心世界，这是认同感不断增强的基础。这里面会有攻击性，也会有爱。

在日渐成熟的孩子身上，出现了另一种替代毁灭的方式，这是一种非常重要的方式——建设性。我曾经试图描述一种复杂的方式，在有利的环境条件下，建设性的冲动与成长中的孩子接受自己天性中破坏性一面的责任感有关。当建设性的游戏出现并保持时，就标志着儿童的心理非常健康。这与信任一样，都是无法植入的东西。随着时间的推移，这是孩子在父母或担当父母职责的人提供的环境中对生活全面体验之后产生的结果。

如果我们让孩子（或成人）失去为亲近的人做点什么的机会，或者失去为家庭需求做出贡献的机会，就可以检验攻击性与建设性之间的关系。我所说的"贡献"是指孩子在追求快乐或模仿他人的过程中，惊喜地发现，这样做不仅能让母亲快乐，还能为家庭正常运转尽一分力量。这样一来，就像"找到了自己的位置"。一个孩子参与家务的方式有很多，比如假装给婴儿喂奶、铺床，假装吸尘或烘焙，前提是这种假装被家里人认真对待。如果孩子的行为遭到嘲笑，那么它就变成了一种纯粹的模仿，孩子会感到自己无能、无用，从而很容易爆发出直接的攻击性或破坏性。

除了实验环境之外，这种状况可能会在日常生活中发生，因为很多人不知道，孩子对"付出"的需要比"接受"更多。

可以看出，健康婴儿的活动特点是自然的运动和敲击物体的倾向，婴儿逐渐开始使用这些动作，伴随着尖叫、吐痰、尿液和粪便的排出，来表达愤怒、仇恨和报复。孩子开始学会爱恨交加，并接受这种矛盾。攻击性和爱的结合最重要的例子之一是咬东西的冲动，这一冲动在婴儿大约五月龄之后变得有意义了。最终，这会融入进食的享受中。然而，最初，让婴儿兴奋得想咬一口的好东西是母亲的身体，正是这种体验让他产生了咬东西的想法。因此，食物慢慢被接受为母亲身体的象征，或者父亲、任何其他亲人的身体的象征。

这一切都很复杂，因此，婴幼儿需要足够的时间来掌握攻击性的想法和兴奋感，学会控制它们，同时也不失去在适当时刻表达攻击性的能力，无论是在仇恨的时候，还是在爱的时候。

奥斯卡·王尔德说："每个人都会杀死他所爱的东西。"这句话每天都提醒我们，除了爱，还可能产生伤害。在婴儿保育方面，我们发现孩子们往往喜欢被他们伤害过的东西。伤害在很大程度上是儿童生活的一部分，问题是：孩子如何能找到一种方法来利用这些攻击性力量，并把它们导向生活、爱、游戏和（最终）工作的任务？

　　这还不是全部。还有一个问题：攻击的起点在哪里？我们已经看到，在新生儿的发育过程中，最初会出现自然的动作和尖叫。这也许只是为了好玩，但并没有构成一种非常具有攻击性的含义，因为此时的婴儿还不是真正意义上的完整的人。然而，我们还想知道，婴儿是如何早早"毁灭"了这个世界的。理解这一点是至关重要的，因为正是这种幼稚的"未融合"的摧毁性残留物才有可能真的摧毁我们生活和热爱的世界。在婴儿期的魔法中，眼睛一闭，世界就湮灭了；眼睛一睁，世界就会随着新的面貌和新的需求阶段而被创造。毒药和爆炸性武器给婴儿带来了一个与魔法世界截然不同的极端现实。

　　绝大多数婴儿在早期阶段都得到了足够好的照顾，从而在人格上实现了某种程度的融合，因此不太可能出现毫无意义的破坏性大规模爆发。最重要的是，我们要认识到父母在家庭生活中对婴儿成熟程度的促进作用。尤其是当婴儿与母亲的关系从单纯的身体关系转变为二者态度碰撞的关系，或者说，当纯粹的身体关系开始因情感因素而变得丰富和复杂时，我们可以学会评估母亲在一开始所扮演的角色。

　　但问题仍然存在：我们是否知道这种力量的起源？这种力量是人类固有的，是破坏性活动的基础，还是在自我控制下痛苦的破坏性活动背后的力量？这一切的背后是神奇的毁灭。这对处于发育早期的婴儿来说是正常的，并且与魔法般的创造相向而行。对所有物体的原始或魔法般的破坏属于这样一个事实，即对婴儿来说，物体从"我"的一部分变为"非我"的一部分，从主观现象变为客观感知。通常情况下，这种变化是在婴儿发育过程中逐渐产生的，是潜移默化的。但如果母亲的供养有缺陷，那么，同样的变化会以婴儿无法预料的方式突然发生。

通过以一种敏感的方式带着婴儿度过早期发育的重要阶段，母亲让婴儿有时间去获得各种方法，应对全新认识所带来的震撼。那就是，他认识到，存在着一个超出自己魔法控制的世界。如果能多给成熟的过程一点时间，那么婴儿就会变得具有破坏性，变得能够憎恨、踢打和尖叫，而不是让自己的魔法世界毁灭眼前的现实世界。通过这种方式，实际的攻击性被视为一种成就。与魔法般的破坏相比，攻击性的思想和行为具有积极的价值，当我们牢记个人情感发展的整个过程，尤其是最早期的阶段时，仇恨就成为文明的标志。

在这本书中，我一直试图描述这些微妙的阶段。在这些阶段，如果有足够好的母亲和足够好的父母关系，大多数婴儿都能健康成长，并有能力将魔法控制和破坏抛在一边，去享受攻击性及其带来的满足感，去享受构成童年生活的所有温柔的人际关系和丰富的内在世界。

（全书完）

新
流
xinliu

妈妈的心灵课

产品经理　泮　泮　　装帧设计　山　吹
特约编辑　王　静　　责任印制　赵　明　赵　聪
营销编辑　肖　瑶　　出版监制　吴高林

图书在版编目（CIP）数据

妈妈的心灵课/（英）唐纳德·W.温尼科特
(Donald W. Winnicott) 著；颜雅琴，谢晴译. —— 南京：
江苏凤凰文艺出版社，2023.11
ISBN 978-7-5594-7995-2

Ⅰ.①妈… Ⅱ.①唐…②颜…③谢… Ⅲ.①家庭教育-教育心理学 Ⅳ.① G780

中国国家版本馆 CIP 数据核字 (2023) 第 185350 号

妈妈的心灵课

[英] 唐纳德·W.温尼科特 著　颜雅琴 谢晴 译

责任编辑	白　涵
特约编辑	王　静
装帧设计	山　吹
责任印制	赵　明　赵　聪
出版发行	江苏凤凰文艺出版社
	南京市中央路 165 号，邮编：210009
网　　址	http://www.jswenyi.com
印　　刷	凯德印刷（天津）有限公司
开　　本	880 毫米 ×1230 毫米　1/32
印　　张	7.25
字　　数	149 千字
版　　次	2023 年 11 月第 1 版
印　　次	2023 年 11 月第 1 次印刷
书　　号	ISBN 978-7-5594-7995-2
定　　价	39.80 元

江苏凤凰文艺版图书凡印刷、装订错误，可向出版社调换，联系电话：025-83280257